明清山陕会馆研究

宋　伦◎著

陕西师范大学出版总社

图书代号　SK23N2099

图书在版编目（CIP）数据

明清山陕会馆研究／宋伦著. — 西安：陕西师范
大学出版总社有限公司，2023.12
ISBN 978-7-5695-3993-6

Ⅰ. ①明… Ⅱ. ①宋… Ⅲ. ①商业会馆—研究—
山西—明清时代 ②商业会馆—研究—陕西—明清时代
Ⅳ. ①F729

中国国家版本馆 CIP 数据核字（2023）第 233383 号

明清山陕会馆研究
MING-QING SHAN-SHAN HUIGUAN YANJIU

宋　伦　著

责任编辑	雷亚妮
责任校对	梁　菲
封面设计	李　琳
出版发行	陕西师范大学出版总社
	（西安市长安南路 199 号　邮编 710062）
网　　址	http：//www. snupg. com
印　　刷	西安市建明工贸有限责任公司
开　　本	720 mm×1020 mm　1/16
印　　张	15.5
字　　数	206 千
版　　次	2023 年 12 月第 1 版
印　　次	2023 年 12 月第 1 次印刷
书　　号	ISBN 978-7-5695-3993-6
定　　价	98.00 元

— 前言 —

　　山陕会馆是山陕商人在各地设立的商帮办公设施和标志性建筑，是山陕商人在经商地实行自治、自觉、自律和自救的同乡组织，是联乡谊、敬神庥、议商事、通商情、厘行规、权度量活动的平台，是全国工商会馆的一部分。在本书搜集的 360 所山陕会馆中，既有陕西商人独立建造的陕西会馆，也有山西商人独立建造的山西会馆，还有大量两省商人共同建造的山陕会馆。同时，存在着大量的行业会馆。在搜集资料和进行研究的过程中，为方便统计，本书附录部分的附表按照不同省份进行统计，各省会馆包含了陕西会馆、山西会馆、山陕会馆以及行业会馆。此外，附表中存在少量山陕甘会馆。

　　明清以来，缘商帮而产生的会馆是中国商人面对 15 世纪以来世界商品经济一体化冲击而自觉进行的制度创新，是对自古以来我国商业经营形式和组织机构的一次大调整。自此，中国商人以全新的姿态登上明清之际的商品经济舞台，标志着我国商业走上了集团化经营的新阶段。

　　明清之际，陕西和山西商人响应明朝政府"食盐开中"和"茶马交易"的政策，几乎同时趁势而起，率先在全国范围内形成了有影响的两大商帮。在进一步向全国发展的过程当中，陕西和山西商人常常组织在一起，形成了既有各自特征又联合经商的局面，并且在全国各地共同建造了大量的山陕会馆。伴随全国市场网络的逐渐形成，经商规模的不断扩大，市场竞争日益激烈，就出现了山陕甘商人的联合。在渐趋形成的明清十大商帮中，陕西和山西商人因地域毗邻、文化习俗接近，联系更加紧密，建立了规模宏大的山陕会馆，如河南社旗山陕会馆、山东聊城山陕会馆等，故人们多以"山陕商人"及"山陕会馆"联省称之。

无论是独立建造的陕西或山西会馆，还是联省建造的山陕会馆，都具有联乡谊、安故旅的基本职能，同时主要从事评市价、通商情、厘行规、权度量等商务管理活动。另外，独立建造的会馆，总体上因为政策改变、时代变迁等，后续并未得到修葺，多毁于战火，现已不多见；有些即便资料可查，也只是零散的记述，原会馆遗址多用作他途，只残存一些牌匾或碑刻。如成都陕西会馆，现在四川省成都市陕西街蓉城饭店内；陕西丹凤船帮会馆（花戏楼），建于明代，嘉庆年间重修，位于丹江北岸，会馆原占地 5640 平方米，现零散可见房屋数间，少量碑刻；内蒙古多伦的山西会馆（关帝庙），在2006 年被国务院批准为全国重点文物保护单位之后，才得以逐渐修复。

因此，一方面，山陕两省商人的产生、壮大缘于同时期、同一政策；另一方面，无论联省建造还是分省独立建造的会馆，从基本功能到逐步完善的过程及其具有的特征，都具有"西商"的共同特点，这是山陕会馆作为历史遗迹存在的原因，也是本书研究的立足点。

一

学术界对工商会馆的研究，始于 20 世纪二三十年代郑鸿笙发表《中国工商业公会及会馆、公所制度概论》（载《国闻周报》1925 年第 2 卷第 19 期）

及全汉昇出版《中国行会制度史》（新生命书局 1934 年版），大致经历了两个阶段，产生了两方面的成果。

第一阶段，围绕中国资本主义萌芽的形成，提出工商会馆是"工商行会组织"，并且直接把它比附欧洲资本主义前期的商业基尔特，把会馆在明清时期的较大发展看作中国社会向资本主义过渡的重要前提。其中代表性的研究成果有：李华《明清以来北京的工商业行会》（载《历史研究》1978 年第 4期）、洪焕椿《论明清苏州地区会馆的性质和作用——苏州工商业碑刻资料剖析之一》（载《中国史研究》1980 年第 2 期）、雷大受《漫谈北京的会馆》（载《学习与研究》1981 年第 5 期）、顾廷培《上海最早的会馆——商船会馆》（载《中国财政报》1981 年 5 月 16 日）、贺海《北京的工商业会馆》（载《北京日报》1981 年 11 月 27 日）等。

第二阶段，在市场经济萌芽框架下对会馆的认识有了进一步推进，将会馆探究提升到一个新的高度。其间，王日根《乡土之链——明清会馆与社会变迁》（天津人民出版社 1996 年版）一书，从宏观研究的角度将会馆的认识扩展到"同乡士人在客地设立的一种社会组织"的高度。另外，王日根在《明清民间社会的秩序》（岳麓书社 2003 年版）、《中国会馆史》（东方出版中心 2007 年版）等著作中进一步认为，会馆是明清以来与农村乡约并行的"城市基层社会管理组织"；郭绪印在《老上海的同乡团体》（文汇出版社 2003 年版）一书中认为，会馆"是商业性的"，是为同乡商人服务的"后勤"组织和"后盾"保证组织；彭南生在《行会制度的近代命运》（人民出版社 2003年版）一书中认为，鸦片战争以后的会馆"是在某些方面糅进了现代因素的过渡性同乡团体"。此后，人们更多地从市场产权制度的层面对会馆进行新的剖析，把它与市场整合联系在一起。郭广岚等在《西秦会馆》（重庆出版社2006 年版）一书中认为，会馆是同籍商人在异地设立的"自我保护、生存、发展的牢固壁垒，以利于占有更多的市场份额，获得更大的经济利益"。而段炳仁主编的《会馆》（北京出版社 2006 年版）又将会馆具体到是"以地缘文化为纽带，以利润分享为杠杆，以利权维护与风险共担为凝聚的社会自治性组织"。

会馆研究的成果主要涉及两方面内容。一方面，形成了大量相关的会馆史料，如李华编的《明清以来北京工商会馆碑刻选编》（文物出版社 1980 年版）、江苏省博物馆编的《江苏省明清以来碑刻资料选集》（生活·读书·新知三联书店 1959 年版）、苏州历史博物馆等编的《明清苏州工商业碑刻集》（江苏人民出版社 1981 年版）、上海博物馆图书资料室编的《上海碑刻资料选辑》（上海人民出版社 1980 年版）、广东省社会科学院历史研究所等编的《明清佛山碑刻文献经济资料》（广东人民出版社 1987 年版）等，尤其是彭泽益主编的《中国工商行会史料集》（中华书局 1995 年版）在会馆史料辑录方面影响巨大。另外，日本东京大学东洋文化研究所出版的仁井田升所著的《北京工商基尔特资料集》，欧美学者如 D. J. 马克格温的《作为商业贸易组织的中国基尔特或会所》，等等，为研究工商会馆提供了翔实的一手资料。

另一方面，对工商会馆的认识逐步深化。从工商会馆是"工商行会组织"，到是"同乡士人在客地设立的一种社会组织""基层社会管理组织"，再到是同籍商人在异地设立的"自我保护、生存、发展的牢固壁垒，以利于占有更多的市场份额，获得更大的经济利益"的商业组织，研究者逐步勾勒出工商会馆的核心功能，认为它是"以地缘文化为纽带，以利润分享为杠杆，以利权维护与风险共担为凝聚的社会自治性组织"，逐步还原了它从发生、发展到存续至今的递进过程。研究者对于工商会馆的认识不断明确，看到了以商人为主体构建起来的会馆与公车会馆、移民会馆完全不同的特征。

二

学术界对山陕会馆的研究起步较晚。明清以来，虽然山陕商人在全国各地建立了数量极多的会馆，当时商界有"会馆最多数陕西"的说法，但是有关山陕会馆的研究成果却寥寥无几。中华人民共和国成立前，仅有湖北景庆义堂铅印本《汉口山陕会馆志》资料，直到张正明《晋商兴衰史》（山西古籍出版社 1995 年版）和李刚《陕西商帮史》（西北大学出版社 1997 年版）两部研究山陕商帮的专著问世，分别在有关章节对此有所论述，才弥补了该领域研究成果的空白。刘文峰《山陕商人与梆子戏》（文化艺术出版社 1996 年版）对山陕会馆的戏台有周密的考据和分析。河南省古代建筑保护研究所等编纂的大型画册《社旗山陕会馆》（文物出版社 1999 年版）为会馆研究提供了相关个案材料。

进入 21 世纪，伴随着社会主义市场经济体制的全面推进，有关山陕会馆的研究逐渐增加，其中，许檀的研究成果较为显著，如《清代河南朱仙镇的商业——以山陕会馆碑刻资料为中心的考察》（载《史学月刊》2005 年第 6 期）、《清代河南的商业重镇周口——明清时期河南商业城镇的个案考察》（载《中国史研究》2003 年第 1 期）、《清代河南的北舞渡镇——以山陕会馆碑刻资料为中心的考察》（载《清史研究》2004 年第 1 期）、《清代河南赊旗镇的商业——基于山陕会馆碑刻资料的考察》（载《历史研究》2004 年第 2 期）、《清代山东周村镇的商业》（载《史学月刊》2007 年第 8 期）等论文。这些研究以山陕会馆为实例，对著名市镇的会馆进行研究，具有十分显著的实证研究意义。

此外，刘建生等《山西会馆考略》（载《中国地方志》2003 年第 A1 期）、任斌《略论青海"山陕会馆"和山陕商帮的性质及历史作用》（载《青海师专学报》1984 年第 3 期）、蔡云辉《会馆与陕南城镇社会》〔载《宝鸡文理学院学报》（社会科学版）2003 年第 5 期]、李芳菊《论社旗山陕会馆艺术装饰中的古代先哲思想》（载《安阳师范学院学报》2004 年第 4 期）、陶宏《浅析西秦会馆建造背景》（载《四川文物》2004 年第 6 期）等，都对山陕会馆的性质与作用有所分析。此外，冯骥才主编的《老会馆——中国古代建筑艺术》（人民美术出版社 2003 年版）等、荣浪所著的《山西会馆》（当代中国出版社 2007 年版）、徐永杰等编著的"会馆文化丛书"（郑州大学出版社 2007 年版），也为山陕会馆研究提供了资料。

近十余年以来，学术界的山陕会馆研究方兴未艾，尤以硕士、博士的研究为主。一是从古建筑角度进行研究，如于鹏《河南"山陕会馆"建筑研究》（山东轻工业学院硕士学位论文，2009 年）、赵世学《设计学视野中的重庆湖广会馆与河南山陕会馆之比较》（武汉理工大学博士学位论文，2012 年）、李丹《明清时期山陕会馆建筑装饰的审美文化研究》（西北大学博士学位论文，2019 年）等，分别对山陕会馆的建筑结构、装饰艺术、雕刻艺术等方面进行了研究。二是对文化内涵的研究，如李薇《明清时期山陕会馆崇拜体系及其伦理意涵研究》（南京大学博士学位论文，2020 年）、闫涛《山陕会馆与关公信仰文化研究》[载《天津大学学报》（社会科学版）2017 年第 5 期]、张平乐和李秀桦《樊城山陕会馆碑刻及史料价值》（载《湖北文理学院学报》2012 年第 12 期）等，对陕西和山西商人共同祭拜的关公进行了广泛的研究。三是以现存大量的山陕会馆碑文及其内容为依据，研究明清之际山陕商人的经商活动。这方面研究成果有许檀《清乾隆至道光年间的聊城商业——以山陕会馆碑刻资料为中心的考察》（载《史学月刊》2015 年第 3 期）、桂鹏辉《河南境内山陕会馆建设影响因素的研究》（河南大学硕士学位论文，2022 年）等。

本书在前人研究的基础上，主要从两个方面对山陕会馆进行研究。一是以长期搜集的明清 360 所山陕会馆为实例，深入探讨山陕商人与山陕会馆之间互为表里、彼此促进的辩证关系。二是从马克思主义政治经济学和西方经济学的角度，对明清以来的山陕会馆进行多视角的研究，特别是对山陕会馆的市场化发展进程及其在降低市场交易成本方面的作用进行分析，从而揭示它在制度领域的创新和运动变化方面的规律。

在消亡半个世纪后，随着社会主义市场经济体制的确立，各种类型的会馆又在中国大地出现，成为新时代的一道社会景观。改革开放后一浪一浪的经商热、下海潮不断影响着计划经济时代的户籍管理制度，农村包产到户后游离出来的大量剩余劳动力纷纷进城打工、经商。在乡土文化的影响下，各地的流动人口遵循合族同亲的传统观念，通过互相联引聚族而居，20 世纪 80年代起出现了"江浙村""福建村""温州村"等具有乡土色彩的城市中的村庄现象。90 年代后，在乡土亲缘关系基础上开始产生各类乡土会馆。"会馆"这一称谓回归社会生活就说明，在乡土中国，以乡土亲缘关系为纽带的会馆有顽强的生命力和历史延展性。虽然今日的会馆不再具有行会性质，但作为同乡组织，它仍然具有发展潜力和生存空间。伴随着人口的区域流动，只要身在异乡，就会以乡土为纽带聚集起来。同时，作为流动人口自治组织的会馆，在约束同乡、维护同乡利益方面，仍有十分重要的现实作用。

— 目 录 —

第一章

明清时期山陕会馆概况

　　会馆，本义为开会的房子，其"会"乃会议、聚会之义，"馆"乃旅居食宿之房舍。综合其意，会馆乃人们会议、居住之所。会馆兴起于明代永乐年间，兴盛于清代，衰落于近代。会馆分为三类，公车会馆、工商会馆和移民会馆，其中，工商会馆是主体。

　　明清时期，商品经济大发展和政府实施的一些经济政策促使了商帮的形成。从商的人数大大增加，市场上的商品种类也十分丰富。此外，人口的激增造成了许多地方人多地少、务农的人们无法维持生计的现象。为了生活，人们开始摒弃几千年来形成的重农抑商的思想，参与到商业活动中来。同时，明清时期交通事业的发展和科学技术的进步，促使大规模的商业集团出现。这些商业集团大都是以家族背景或血缘关系、同乡关系建立起来的，目的在于壮大商业资本，增强竞争力。他们在商业活动中互相支持、互相帮助，在提高市场竞争力的同时合理地保护了自己的商业力量。为了进一步巩固这种相互协作的关系，一些商人开始自筹资金组织建设工商会馆，以方便商业集团内部成员之间的联系。工商会馆的形成是我国商帮开始形成的标志之一。

第一节 明清时期山陕会馆产生的经济社会背景

一、 各地特色经济的发展及区域市场网络的初步形成

中国的封建社会发展到明清时期，社会经济结构主体仍然是自然经济，但工农业生产技术层面的进步，迫使统治阶级对封建生产关系进行局部调整。分成租向定额租的转变，农村中永佃权的出现，手工业中匠籍制度的废除，等等，使封建人身依附关系进一步松弛。16 世纪以后，中国社会经济生活中开始出现不同于以往的新因素，即早期市场经济的因素，揭开了从中国传统社会向现代社会缓慢转变的序幕。其中一个突出的变化，就是社会流通商品从以往的以奢侈品为主，变为以民生日用品为主，这主要是关于民众生活的"养生送死之具"。转输这些面广量大、关系国计民生商品的"自由商人"开始登上历史舞台。按照吴承明的说法，这可看作"开始出现现代化因素的征兆"[1]。

促使这种"现代化因素的征兆"出现的原因，是社会需求的拉动。进入16 世纪，中国社会遭遇了千年未有的一系列新变化。

（一）人口急剧增加

从秦汉到明代的漫长岁月里，封建政府采取"人头税"制度，这就限制

---

[1] 吴承明：《中国的现代化：市场与社会》，生活·读书·新知三联书店 2001 年版，第 8 页。

了人口增长。加上周期性的社会波动，人口长期保持低水平增长的趋势，总人口大致维持在 9 千万。明初人口为 7 千万，到万历年间增长到 1.4 亿，相对于辽阔的国土而言，这样的人口规模并不算多。进入清代，特别是康熙五十六年（1717）实行"兹后滋生人丁永不加赋"的奖励人口增殖政策后，中国人口以前所未有的速度急剧增长。乾隆时期人口增加到 3 亿，道光年间突破 4 亿大关，到道光三十年（1850），人口数量为 4.3 亿。清初到清中叶的 200 多年间，人口净增长近 3 亿。解决如此巨量人口的衣食所需，保证其所需要的"养生送死之具"的供应，成为社会首先要解决的大问题。人首先是消费者。满足急剧增加的人口的基本生活需要，是促使明清社会经济转型最基本的原因。

（二）国外货币财富的大量流入

16 世纪是世界经济格局发生巨大变化的时期。其中最主要的变化是"世界贸易和世界市场在十六世纪揭开了资本的近代生活史"①。西方资本主义国家需要中国大量的茶叶、丝绸和瓷器，却拿不出像样的商品进行交换，只好装着整船整船的白银来交换商品。这是 16—18 世纪的中外贸易史上存在了近 300 年的"白银东流"现象。据统计，1565—1821 年 250 多年间，由墨西哥流入马尼拉的白银总数约 4 亿比索（墨西哥殖民政府所铸的一种银币，重七钱二分），其中绝大部分流入中国。②

巨量国外货币财富的流入，一方面刺激了中国国内商品生产的发展，另一方面增加了社会购买力，拉动了需求的增长。漳州因是外贸港口，先得财

---

① 顾士明主编：《〈资本论〉选读课教材》，南京大学出版社 1990 年版，第 95 页。
② 严中平：《老殖民主义史话选》，北京出版社 1984 年版，第 350 页。

富流入之光，"方物之珍，家贮户峙"①。对此，乾隆时期的重臣慕天颜曾说："顺治初年江浙等处，一切丝粟布帛器具各物，价值涌贵而买者愈多，民间资财流通不乏，商贾俱获厚利，人情莫不安恬。"②

（三）社会消费观念的转变和生活质量的提升

明代嘉靖、万历（1522—1620）以来货币财富的积累，刺激了人们的消费欲望，社会消费呈现出由俭朴渐奢华的变化过程。检索明清以来的地方志及官私著作，这样的记录俯拾即是。万历时，任吏部尚书的张瀚总结当时的社会是"人情以放荡为快，世风以侈靡为高"③。苏浙"侈靡为天下最"，"今天下财赋在吴越，吴越俗之奢，莫盛于苏杭之民，有不耕寸土而口食膏粱，不操一杼而身衣文绣，不知其几何也"。④ 山西也经历了同样的过程。山西"其人纯质节俭"，"永、宣、成、弘之时，士敦行务实，农商亦简素朴野，罔敢凌肆自恣。迨其后渐致华靡。俗尚巫觋，凡联姻、缔交、营葬，不无少变于前"。⑤ 万历年间，"奢靡其习染也……商贾家亦雕龙绣拱，玉勒金羁，埒王公矣，妇女则珠络翠翘，飞织垂绡，几后妃之饰"⑥。仔细研读这些方志资料会发现，这里所说的"奢靡"并非社会对金银珠宝等奢侈品的追求，而是对衣食住行等生活用品需求的提高。

由此可见，明清以来人口总量的急剧增长，社会支付能力的不断提高，有力刺激和拉动了社会经济的发展。在"丝粟布帛，价值昂贵"的利益驱动

① 〔明〕朱纨：《增设郡县以安地方疏》。
② 〔清〕靳辅：《靳文襄公奏疏》卷七。
③ 〔明〕张瀚：《松窗梦语》卷七。
④ 〔明〕陆楫：《论崇奢黜俭》。
⑤ 胡朴安：《中华全国风俗志》（上册），河北人民出版社1988年版，第39页。
⑥ 王连成点校：《潞安府志》，山西古籍出版社2006年版，第194页。

下，市场把社会长期被压抑的生产力渐渐释放出来，各地因资源和技术配置条件不同形成特色经济区，这成为明清时期社会经济发展的突出特点。

（四）特色经济生产区域的形成

当时全国出现了几个比较稳定的富有特色的经济生产区域。

一是粮食生产区。民以食为天，粮食是首先进入流通领域的大宗商品。明清以后，江南成为全国粮食的主要生产区，特别是湖南、江西、四川，成为谷米的主要供应地。湖广粮食生产迅速发展，故有"湖广熟，天下足"一说。清人鄂尔泰说："湖广全省，向为东南诸省所仰赖，谚所谓'湖广熟，天下足'者，诚以米既充裕，水又流通之故。"① 江西是仅次于湖南的粮食生产地，"江西等处米谷生产最广，水路四通，客贩甚众"②，与之相邻的福建、广东两省"运去谷米甚多"③。经清初百年的休养生息，四川成为新的粮食生产基地。王庆云《石渠余记》载："国初，各省唯湖广常有余粟，江西次之。及四川生聚开辟，于是川米贯于东西，视楚米为多。"④此外，广西、山东、台湾也是全国主要的产粮区。

二是棉布生产区。棉花种植与纺织技术自宋元经南洋传入中国后，发展很快，棉布在明代以后取代麻布成为主要衣物材料。明代已是"地无南北皆宜之，人无贫富皆赖之，其利视丝帛盖百倍焉"⑤。当时太湖流域的苏、松、嘉、杭为主要棉布产区，有"松江布衣被天下"之称。据萧国亮估计，当时

---

① 《朱批谕旨·鄂尔泰雍正八年奏稿》。
② 《朱批谕旨·鄂尔泰雍正五年奏稿》。
③ 《朱批谕旨·雍正四年江西巡抚裴纬度奏稿》。
④ 〔清〕王庆云：《石渠余记》卷四，北京古籍出版社 1985 年版，第 191 页。
⑤ 〔明〕徐光启：《农政全书》卷三五。

江南地区岁产布 3074 万匹，其中 90% 销往全国，无锡有"布码头"之称。[①] 入清以后，湖北、河南、河北的棉纺织业发展很快，呈现出取代江南成为新的棉纺织中心的态势。

三是丝绸生产区。明清时期，丝绸的产区首推江南，尤以湖州、嘉兴、杭州为盛。明代王士性《广志绎》卷四中指出："浙十一郡唯湖最富，盖嘉湖泽国，商贾舟航易通各省，而湖多一蚕，是每年两有秋也……丝棉之多之精甲天下。"苏州、杭州有"丝码头"之誉。入清后，广东顺德、佛山，山西潞安以及四川保宁等地也开始成为新的丝绸主要产区。

四是食盐、茶叶和烟叶产区。明代弘治四年（1491）对食盐实行"输银于运司"以来，食盐成为主要由商人经营的商品，并形成江浙地区以扬州为中心的"淮盐"、山西地区以运城为中心的"解盐"、四川地区以自贡为中心的"川盐"、甘青地区以"花马池"为中心的"花盐"等稳定产地。明清以后，茶叶成为家常共饮之物，"客来先敬烟，入座但上茶"成为生活风尚。全国各地因自然条件不同形成多个稳定的茶产地。浙江是茶叶的最大产区，所产茶叶几占全国一半，云南的普洱茶区、福建的武夷茶区、安徽的六安茶区、湖北的蒲圻茶区、湖南的安化茶区、陕西的紫阳茶区等，都是名重全国的茶叶生产基地。烟叶自明代从南洋传入中国后普及很快，嘉靖、隆庆（1522—1572）时已是"今则山陬海澨，男女大小，莫不吃烟"[②]。烟叶的主要产地有福建、湖南衡阳、山东济宁等。陕西汉中"沃土腴田，尽植烟苗"，也产烟叶，城中"烟铺十居其三四"，每年交易，"岁糜数千万金"[③]。

---

① 萧国亮：《关于清代前期松江布产量和商品量问题》，载《清史研究通讯》1985 年第 2 期。
② 〔清〕包世臣：《安吴四种》卷二六。
③ 〔清〕岳震川：《府志食货论》。

五是瓷器、铁器和皮货产区。明清两代，江西景德镇仍是全国瓷器的主产区，此外，有金溪、莲花、南丰、万载四处。有清一代为景德镇瓷器最盛时期。乾隆（1736—1795）时期，瓷器输出曾达年50万担以上。同时，广东石湾、直隶磁州、山东博山、陕西耀州也是瓷器的著名产地。陕西耀州的同官陈炉镇"镇民俱业陶，而以农为副业"，陶厂"南北三里，东西绵延五里，炉火杂陈，彻夜不眠，故有'炉山不夜'之称"。① 明清时期，铁器生产形成了两大集中产地，南方的广东佛山，北方的山西潞泽和陕西的秦巴山区。广东佛山是南方铁器的主要供应地。山西的路安、泽州素产铁器，特别是"阳城县冶铁甚多"，白巷里地方，冶铸炉火遍布，夜间明亮烛天，照得一条山沟如同白昼，人称"火龙沟"，所产铁锅遍销北方各地。清代以后，陕西秦巴山区迎来开发的高潮，缘山各州县冶铁业一时异常红火，仅凤县铁炉川一带"矿多红山，处处有之……故铁炉川等稍大厂分，常川有二千人，小厂分三四炉，亦必有千人数百人"②。留坝光化山"皆熔矿为铁，铸铁为锅，远售西凤及甘肃各郡县"③。其他如略阳之锅厂、定远之明洞子、宁羌之二留坝、镇安之洞沟、旬阳之骆家河，都是铁业兴盛之地。皮货因满族入主中原后的倡导与推广而在全国兴起，西部各省的羊毛、羊皮、牛皮主要流向陕西，形成陕西泾阳、朝邑、羌白以及神木的皮货制作中心。泾阳"借泾水以熟皮张，故皮行甲于他邑。每于二三月起至八九月止，皮工齐聚其间者不下万人"④。而内蒙古伊克昭各旗的皮张多流入神木，使神木"除盐碱皮货而外，并无出

① 〔清〕袁文观纂修：《同官县志》，乾隆三十六年（1771）刻本。
② 〔清〕严如煜：《三省边防备览》卷九，道光二年（1822）刻本。
③ 〔清〕贺仲缄修，蒋湘南纂：《留坝厅志》卷四，道光二十二年（1842）刻本。
④ 〔清〕卢坤：《秦疆治略》。

产……至趋远省者，只有皮货一行"，所产"北口皮货"在全国也很有名。①

此外，各地因特殊资源条件和特殊手工艺所形成的名特产品也达到了异色同荣的程度。有人记述当时福建一省名特产品的生产是"凡福之绸丝，漳之纱绢，泉之蓝，福延之铁，福漳之橘，福兴之荔枝，泉漳之糖，顺昌之纸，无日不走分水岭及浦城之小关，下吴越如流水。其航大海而去者，尤不可计，皆衣被天下"②。

各地特色经济的勃兴，使区域经济生产的单一性与全社会范围内需求的多样性矛盾进一步突出，传统社会千百年来形成的"千里不贩樵，百里不贩籴"的经济格局亟待突破。市场这只看不见的手的存在，使得各区域之间的经济联系和物品流通不断加强，调剂余缺、各得其所成为不可阻挡的历史潮流。而这一发展趋向又因交通运输条件和商品流通环境的整合，具备了必要的物质基础。

（五）水陆交通网络的形成与完善

由于人口激增，京师所要供养的人口成倍增加，漕运成为关系军国安危的首政。清初对西部边疆的用兵，使得国家版图扩大，商品经济发展。明清两朝，整治道路用力最勤，成绩也最为显著，初步形成以长江、运河水道和四通八达的陆路官道相交错的交通网络体系。

明清时期，长江已成为黄金水道。明代长江航运主要集中在下游江南地区，清初因秦巴移民对四川的开发，川江航运兴起，四川与全国的联系加强，"顺流而下，委输之利，通西蜀之宝货，传南土之泉谷，建帆高挂则动越万

---

① 《神木县乡土志》，民国二十六年（1937）铅印本。
② 〔清〕王世懋：《闽部疏》卷二。

艘，连樯直进则倏逾千里"①。长江中游的航运是在清代发展起来的，特别是洞庭湖流域的开发以及汉江、丹江航运的活跃，进一步加强了东西部的联系。丹江航运在明初尚不具有直接的经济意义，因襄樊以下的月儿潭有大石阻隔，大船无法通过。嘉（靖）隆（庆）后"其路渐开"，一方面是水流增大消除了阻隔，另一方面是官府对水道的整治。乾隆十三年（1748），商州知府许维政主持疏通了龙驹寨到竹林关的航道，计疏通险滩 29 处，费时 3 年。从此，丹江水运畅通，过载增加，成为西部与东部经济联系的主要孔道，龙驹寨成为联络东西的水陆码头。

明代至清代前中期，对全国贸易影响最大的仍是南北贸易，其中运河航运有十分重要的意义。大运河，从北京通州至杭州，计 1782 公里，自明永乐九年（1411）重开会通河后，流经河北、山东、江苏、浙江四省，贯通海河、黄河、淮河、长江、钱塘江五大水系，畅行无阻，航运尤繁。河漕东走济宁、西走开封，是全国物品流通的大动脉。明初孙作在《沧螺集》卷二中说："自杭走汴，水陆二千里，如入堂奥，如息卧内。"沿运河，串珠般的工商城镇迭兴，商旅往来日夜不休。当时入西部的物品经大运河入汴梁孙家楼起旱，用骡马驮运经洛阳、潼关、长安，再接西北干线，运往西部各地。

长江、运河航运的开发利用，以及与全国以驿道为主体的官路的衔接，使明清之际初步形成沟通全国的水陆交通网络，"倏忽千里"的景象开始出现。交通运输业的发展，为不同经济区域特色产品的互通有无、调剂余缺提供了条件。明代李鼎在《李长卿集》卷一九中形容明代以来的南北物流形势是"燕赵秦晋齐梁江淮之货，日夜商贩而南；蛮海闽广豫章南楚瓯越新安之货，日夜商贩而北"。明代宋应星在《天工开物》中甚至带着"生逢盛世"

---

① 〔宋〕苏德祥：《新修江滇庙碑》。

的欣喜心态这样描绘当时全国的物质和信息流动状况："滇南车马，纵贯辽阳；岭徽宦商，衡游蓟北。为方万里中，何事何物不可见见闻闻？"明清之际，全国不同经济区域联络成网，有效调节了商品的区域平衡。根据龙登高的研究，明清之际，全国区域市场网络的基本情况是：江南形成以苏州为中心的区域市场；华北形成以京师、临清和开封为中心的区域市场；华南形成以广东佛山为中心的珠江三角洲和岭南市场；湖广形成以汉口、湘潭为中心的区域市场；四川形成以成都和重庆为中心的市场；陕甘形成以三原、泾阳为中心的西北区域市场。① 这与清代刘献廷的《广阳杂记》中所载"天下四聚，北则京师，南则佛山，东则苏州，西则汉口"基本上是吻合的。

明清之际，市场网络的初步形成使区域产品的充分流通成为不可阻挡的趋势。江南之丝绸、布匹远销山东、山西、湖广、陕西、江西、福建乃至琉球，几遍天下；北方之棉则售于江南。各地特色产品"其航大海而去者，尤不可计"。但正如马克思所说："商品没有腿，不会自己跑到市场上去。"在明清之际的市场条件下，沟通全国经济联系、把不同经济区域衔接成统一的社会生产过程的任务就历史性地落在了服牛格马、周流天下、贩贱鬻贵、锐意贸迁的商人身上。

二、 商人集团化经营的出现及商帮的形成

明清时期，市场商品结构由以提供奢侈品为主转变为以民生日用品为主，这必然引起商业经营形式的变化。以往那种贩卖犀象玩好、值高量小奢侈品的个体经营，已不能满足扩大和发展了的市场需要。市场容量的扩大，贩运

---

① 龙登高：《中国传统市场发展史》，人民出版社 1997 年版，第 516 页。

商品的纷繁多样，经商人口的增加，都推动着明清以来的商人不断整合以往的个体家庭经营方式，使商业经营方式朝着以亲缘、乡缘关系为纽带的集团化经营方式转变。明清以来出现的商人集团化经营正是对以往个体家族经营所进行的社会整合的产物。

（一）地域性集团化经营方式的形成

在中国传统社会，血缘、亲缘和乡缘关系是彼此融合的。人们按照土地划分关系居住在相对稳定的区域内，形成祖祖辈辈生活在一起的地域性经济共同体。因此，对传统中国农民来说，土地不单单是自然物，更蕴含着认同家族祖宗的血缘亲情意识和乡土亲情意识。所以，参与大规模经商活动时，血缘亲缘关系以至地缘乡土关系成为首先被人们启动的联系纽带。这是因为，一方面，当商业经营转变为跨地域涉远性经营时，商人须背井离乡，出外谋生，人生地疏使得企业内部的凝聚力成为其赖以生存和发展的条件，而亲情乡缘关系则是产生内部凝聚力的天然且无形的纽带。"打虎亲兄弟，上阵父子兵"的亲缘乡土关系，会使企业成员产生荣辱与共、肝胆相照的归属感，增强企业的稳定性和竞争力。另一方面，在宗法制的社会条件下，守望相助、同亲相恤的道德准则，也使人们自发形成结伙经商的习惯。如唐代"秦民有王行言以商贾为业，常贩盐鬻于巴渠之境……行言结十余辈少壮同行"①。所以，亲情乡缘关系有力地推动着商业经营方式向着以地域性乡土关系为纽带的集团化经营方向转变。

（1）个体血缘家族仍是商业经营的最基本单位，父业子承、母命子贾、兄商弟随的商业家族比比皆是。以陕西的情况为例。高陵程希仁"祖以贸易

① 《太平广记》卷四三三"王行言"条，太平兴国三年（978）刻本。

起家……早年从父客城固";张忠轩"父子商游岷州";刘承渠"从父近渠公入广陵";① 泾阳张巍"代父为贾……用盐策便输粟塞下"②。这是子承父业的例子。母命子贾的例子则有三原温朝凤"稍长,母若兄命之服贾"③;王勋"君母杨老家曰,削无从供朝夕,乃弃去为商"④。叔携侄贾的例子如高尧山"幼嗣叔父携资游蜀中"⑤。兄领弟贾也有不少例子,三原王一鹤与弟一鸿、一鸣"俱以家窘故,不学而贾……市布邑及吴越无间言。赀日起,犹共贾共居……里中人指数是兄弟友爱善起家者,必首曰王某云";另有郭氏兄弟,长曰金,次曰荣,次曰镇,"三人者……以贾起家,累千金"⑥。

(2)当一家一族因商发家后,在合族同亲、祸灾相恤的乡土宗族观念支配下,往往会带动乡党,将亲缘关系扩展到乡缘关系,形成一邑一县的经商风气。这有两种情况。一是"联引制"。当某一家族经商发家后,为了提携乡党,常常会招雇同村、同宗子弟入店为伙,形成比较稳定的从商方向。二是"联号制"。一个家族在各地设立许多店铺或分号,招雇同乡入伙。

(3)同乡、同业商人在流寓的城市会实行更大范围的联合。在明清时期的城市里,商人来自四面八方,会带来不同的生活习惯、经商方式,甚至难以用当地的俚语方言沟通。"同在异乡为异客"的人生境遇,会使他们因相同的籍贯而联合起来。相同的籍贯、相同的口音、相同的生活习惯、相近的性格特征,甚至相近的审美情趣会产生一种亲切感和归属感,这便促成了以地域性乡土关系为纽带的商人行帮组织——商帮的出现。

---

① 吴钢:《高陵碑石》,三秦出版社1993年版,第117、186、174页。
② 〔明〕李维祯:《大泌山房文集》卷一〇七。
③ 〔明〕温纯:《温恭毅公文集》卷一三。
④ 〔明〕来严然:《自喻堂文集》卷二。
⑤ 〔明〕来严然:《自喻堂文集》卷二。
⑥ 〔明〕温纯:《温恭毅公文集》卷一一。

（二）山陕商帮的形成与联合

明清时期，在全国各地活动的地域性集团化商帮主要有徽商、晋商、陕商、粤商、闽商、洞庭商、江右商、宁波商、鲁商、苏商十大商帮。其中，山陕商帮具有十分突出的地位。山陕商帮是在明政府"食盐开中""茶马交易"等特殊经济政策引导下形成的垄断中国西部贸易的著名商帮。明代初年，对新生的明政权威胁最大的是华北、西北边患。一则盘踞北部的元朝残余伺机反扑；二则西北其他少数民族（主要是西蕃藏族）对新政权怀有疑虑，有离心倾向。于是，明朝政府把边防建设的重点放在西北。明兵部主事魏焕作《九边考》对此总结道："山川联络，列镇屯兵带甲四十万……镇戍之严，未有过于今日矣。"① 中央政府对地处华北、西北前线的山西、陕西布政使司高度关注，于治边各处设九边镇以拱卫中原。其中，辽东、宣府、大同、山西、蓟州五镇在山西，榆林、宁夏、固原、甘肃四镇在陕西。九边镇共驻军80余万，马34万匹，形成北部沿长城一线巨大的军政地带。在边地驻守数量庞大的军队，仅"一岁刍粮数千百计"，军布"一百万余匹"。② 为解决边防军的军需供应，明政府靠边疆屯垦和外省转输粮、布到陕西、山西边关。当外省转输因"路远费繁"不能奏效时，遂于洪武三年（1370）实行"食盐开中"的新经济政策，"召商输粮而与之盐，谓之开中"。③ 这种"食盐开中"政策，改变了千百年来官府"盐铁专卖"的政策，一变为让利于民、粮盐交换的商

---

① 向燕南主编：《中国长城志》（上），江苏凤凰科学出版社2016年版，第1331页。
② 郭世强：《历史地理视角下明清陕、徽、晋三商比较——兼论陕西的没落》，载《三门峡职业技术学院学报》2013年第1期。
③ 《明史》卷八〇《食货志》。

品经济政策。纳粟中盐利极大，"本一而息恒六七倍"①。在市场利润的刺激下，山陕商民以农业生产发展的雄厚实力为依托，充分发挥自己"道便费省"、土厚水深、挖掘土窖宜藏谷物的优势，"率先趋中"，"输粟塞上，得捆盐于淮南北"，②走上输粟贩盐的经商道路。当时往华北、西北边疆运输粮食的主要是他们，被称为"运输大军"，而在全国最大的淮扬盐场贩盐的也主要是山西、陕西商人，"淮扬以西商为大宗"③，从而山陕商帮在全国异军突起。

如果说"积粟开中""输粟贩引"还具有满足官府军事需要、为官府服务的非自由贸易性质，那么，明成化三年（1467）的"叶淇变法"，改输粟换引为"输银于运司"则改变了这种状况，即商人不需要输粟边地向政府换取盐引，而是直接在盐运司花钱买引。这使山西、陕西商人摆脱了直接为官府服务的困境，完全转化为自由的专业盐商。

山陕商人抓住了政策的机遇，同时敏锐地顺应了社会大环境的变化，加入经营大潮并迅速崛起。在两淮盐场，"商之有本者，大抵属秦、晋与徽郡三方之人"④；在四川盐场，"为盐商者，多系山陕之民"⑤；在长芦盐场，"盐分五纲，山陕盐商占其四"⑥。陕西、山西盐商成为当时全国最大的盐业资本集团。因此可以说，明成化三年的"叶淇变法"，使山西、陕西商人由边商转化为坐地贩盐的专业盐商，这标志着山西商帮和陕西商帮的形成。

"食盐开中"政策的实施，"屯政盐法相并举"⑦，达到了"转输之费省"

---

① 〔明〕沈鲤：《盐政考》。
② 〔清〕刘光贲：《烟霞草堂文集》卷四。
③ 〔清〕刘光贲：《烟霞草堂文集》卷四。
④ 〔明〕宋应星：《野议·盐政》。
⑤ 《全蜀经略志》卷一。
⑥ 〔清〕黄掌纶等：《长芦盐法志》卷二。
⑦ 〔清〕温纯：《温恭毅公文集》卷一。

又"军储之用是"的两全其美的效果。"有明盐法莫善于开中"①，明政府尝到了用经济手段解决边关问题的甜头，遂如法炮制，将其推广到边改的各个领域，相继出台了"茶马开中""盐布开中"等政策，有力推动了山西、陕西商人将贸易范围从食盐拓展到茶叶、布匹、皮革、药材等有关民生日用的大宗商品流通领域。

清代时，清政府在平定西部战争中实行"随军贸易"政策。清军以哈密为大本营，消费极多，有银无物，陕、晋、甘、川之人争赴关外。迄至清中叶，左宗棠用兵新疆，"消费者众，取用者宏……陕晋之人，闻风兴起……挟商品，逐什一，往返于关外大军云屯之哈密，俗称为'赶大营'"②。"赶大营"为陕西、山西商人拓宽业务空间提供了新的增长点。山陕商帮在明初到清末的500余年里，垄断了中西部的贸易通商。他们以陕西的三原、泾阳和山西的蒲州、大同为中心，服牛格马，周流天下，肩挑车载跨州越县，贩盐于扬淮，输茶于陇青，鬻皮于蒙疆，捆布于苏湖，伐木于秦巴，在中西部贸易通商领域畅意驰骋，莫不得其所欲，成为闻名全国的著名商帮。

明清之际，闻名全国的十大商帮中，山西和陕西商人是唯一以联省商帮出现的商人集团，他们号称"山陕商人"或"西商"。

山、陕两省地域相连，隔河相望。山西自河曲保兴府到津蒲千五百里，与陕西接壤。两岸人民互有来往，陕西的清涧、绥德、佳县与山西的临县、兴县、永宁州两岸皆有渡口，商民互相贸易，百姓生活习俗、思维习惯有共同之处，都住黄土窑洞，都身穿黑棉袄、头戴羊肚手巾，都唱信天游，都吼秦腔，这种地域联系是他们携手经商的原因之一。

---

① 《明史》卷八〇《食货志》。
② 全国图书馆文献缩微复制中心：《中国边疆史志集成·新疆史志》，第263页。

山、陕两省在历史上有姻亲之好，陕西的同州与山西的蒲州两地，人民有通婚的习惯，叫作"结为秦晋"。特别是明代洪武、永乐年间（1403—1424），山西向全国多次移民，陕西许多著名的商业家族就是从山西洪洞大槐树下迁徙过来的。陕西渭南孝义镇的赵家、展家、柳家的原籍都是山西洪洞县。渭北的板桥常家祖籍也是山西，关于他们是姓"常"还是姓"尚"，一直是争论不休的问题。因为按陕西口音应该读"常"字，而按山西口音则应该读"尚"字。但不管是"常"还是"尚"，都说明了他们与山西的历史渊源关系。陕西大荔的富商八女井李家、富平的巨富李月峰、张臻其祖籍都是山西。而山西的许多巨富又都是从陕西迁徙过去的。创办中国历史上第一家票号——"日升昌"票号的东家李氏，原籍陕西汉中，祖先李实元代的时候在山西做官，后来落户在平遥达蒲村，由官致富。山西介休富商侯家的祖先也是由陕西迁徙过去的。宋代隆兴元年（1163），由陕西迁入山西介休北贾村，因商致富。这说明山、陕两省的商人有历史亲缘关系，他们血脉相通，心理趋同。这是两省商人能够联合经营的原因之二。

山、陕两省商人是由同一个原因互相影响走上致富道路的，而且经营业务也基本相同。"食盐开中"政策首先在山西实行，后来在陕西实行，陕西商人受山西商人的影响而走上输粟换引的道路。而"茶马开中"政策又首先在陕西实行，山西商人受陕西商人的影响而走上贩茶的道路。水烟炮制技术是由山西曲沃传入陕西富平的；而皮革炮制技术是由陕西大荔的羌白传入山西的。两省商人在业务上有千丝万缕的联系，而且经营的都是食盐、布匹、茶叶、水烟等商品的长途贩运，很容易走上共同经营的道路。这是他们在明清之际能够长期联合的原因之三。

山陕商人有共同的精神支柱，他们都崇祭关公。关公是山西运城常平村人，而相传陕西是关公的改姓之地，因此他们都敬仰关公。关公勇猛、忠贞不贰、不取不义之财，为世人所敬仰。关公的忠诚、义气是凝结异地商人最好的精神纽带，因此，凡是山陕商人联合建筑的山陕会馆都毫无例外地崇祭关公。而且，关公作为"武财神"，本身就是商人崇祭的对象。几百年来，山陕商人就是靠关公的精神，共同在东西部贸易通商领域奔走，直到近代，西部的许多商业仍是由山陕商人联合经营的。

明清时期出现的工商会馆正是商业集团化经营的产物。商帮是会馆的主体和赖以发展的社会基础，会馆是商帮的办事机构和设施。对此，汉口山陕会馆《重建西会馆碑记》有明确记载："西会馆故山陕士商，贸迁荟萃之处。"而《西会馆地理总图记》记载得更明确："西会馆为山陕两省士商办公之所。"① 会馆的存在进一步加强和推进了商业集团化经营的发展。因为商帮若无会馆，仅靠地域乡土关系为纽带，易流于疏松和无形，充其量只表现为"老乡见老乡，两眼泪汪汪"的唏嘘状态。会馆的存在推动着商业集团化经营走上制度化、规范化运作的轨道。因此，会馆是以省（县）籍地缘乡土关系为纽带所形成的商帮办事机构及标志性建筑，它的存在向社会宣布和展示了商帮的存在。

---

① 《汉口山陕会馆志》，光绪二十二年（1896）汉口景庆义堂刻本，第1、6页。

第二节　明清时期山陕会馆产生的原因

一、　明清时期山陕会馆产生的社会原因

明清时期，商帮和会馆互为表里。商帮是会馆的组织形式，会馆是商帮的办事机构和标志性建筑。20 世纪 30 年代，以全汉升所著《中国行会制度史》为代表，学术界普遍认为会馆是"同乡行会组织"。后来，吕作燮认为"会馆并非工商业行会"①，扩大了研究的视野，但大多仍然从经济方面论及会馆。改革开放以来，会馆研究逐渐深入，以王日根所著《乡土之链——明清会馆与社会变迁》为代表，将认识推进到会馆是"同乡士人在客地设立的一种社会组织"的高度，但这仍然不能全面界定会馆的性质和作用。同治《汀龙会馆志》"馆志序"曰："会馆之设，有四善焉：以联乡谊明有亲也，以崇神祀明以有敬也，往来有主以明礼也，期会有时以明信也。使天下人相亲相敬而持之以礼信，天下可以大治，无之何以禁耶？"

明清商品经济的发展、商品交易形式的转换，以及迁徙流寓人口的增加，是会馆产生的基本社会条件。

明清之际，商品经济发展到历史上的最高峰，其中一个主要的变化是商人转输的商品从奢侈品变为民生日用品。据吴承明研究，明清之际，国内市场上流通的商品主要是盐、棉、麦等民生日用品。这些与社会生活息息相关

---

① 吕作燮：《明清时期的会馆并非工商业行会》，载《中国史研究》1982 年第 4 期。

的大宗商品，面广量大，在当时落后的运输条件下，须动员大量人力、物力参与。故，众多商民在利润驱动下，形成商人区域流动的经商浪潮。当时垄断西部贸易的陕西商人，每年经营的布匹达 2700 万匹①，茶叶 1125 多万斤，皮革 150 多万张，羊毛 2500 多万斤，②药材 1500 万斤③，水烟 700 万斤④。

　　贩运如此巨量的商品，路遥事繁，驻庄收购，中途过载，设店销售，每店大致数十、数百人不等。大量陕西商民走出潼关，经商天下。当时仅泾阳一县"之蜀之陇之湘之鄂者十居六七……推而计之数不知其凡几"⑤；陕北各县跑伊蒙草原的边商就有 20 余万人⑥；卷入"走西口"浪潮的陕西人多达140 余万人⑦。明代在扬州贩盐的榆林盐商有数百人；⑧清初就有"老陕"在自流井卖"簸盖盐"，成为自流井盐早期开拓者的主力。⑨

　　如何加强对流寓商民的管理，是社会发展面临的新问题。尽管明清政府试图通过占籍制度对流寓商人进行身份认定，但仍不能很好地解决占籍异地商人的管理问题，促使他们从社会行为和心理认同上融入当地的居民生活，消除漂泊异乡的感觉。因此，需要一个社会组织来管理流寓商人，工商会馆适应这种需要产生了。它便成为官府特许的管理流寓异地的商民的同乡组织。

---

①　萧国光：《关于清代前期松江布产量和商品量问题》，载《清史研究通讯》1985 年第 2 期。

②　李刚：《陕西商帮史》，西北大学出版社 1997 年版，第 153、371 页。

③　《陕行汇刊》，1943 年第 7 卷第 1 期。

④　李刚：《陕西商帮史》，西北大学出版社 1997 年版，第 355 页。

⑤　《（宣统）泾阳县志·实业志》。

⑥　《西北论衡》卷九。

⑦　马步升：《走西口》，南方日报出版社 2000 年版，第 7 页。

⑧　王瑜、朱正海主编：《盐商与扬州》，江苏古籍出版社 2001 年版，第 70 页。

⑨　阿波：《清初自流井盐的市场开拓》，载《盐业史研究》1992 年第 2 期。

二、 明清时期山陕会馆产生的内在原因

会馆主要是与商帮一同产生的经济组织形式。会馆是商人在异地经商的招待所、存货栈、交际所、议事厅、游乐场、疗养院，维护着客帮商人在异地的各种利益。所以，明代刘侗在《帝京景物略》卷四中说："尚考会馆之设于都中，古未有也，始嘉隆间。"《闽中会馆志》亦云："京师之有会馆，肇自有明。其始专为便于公车而设，为士子会试之用，故称会馆。"① 而京师最早的工商会馆则是明永乐年间由安徽人俞瑛捐修的芜湖会馆。工商会馆的产生缘于以省（县）籍乡缘关系为纽带的商帮。会馆就是地缘商帮的办事机构，用汉口山陕会馆《汉关夫子春秋楼碑记》的话说，就是"西会馆者，为山陕两省士商办公之所"②。会馆的产生有内在的因素。

会馆是商帮企业组织形式运行的必然结果。山陕商帮的企业组织形式一般采取"联引制"与"联号制"两种方式。

"联引制"是为解决大宗商品转运、经营家庭人力不足的矛盾，举办商号的商人动员个体血缘家庭以外的亲戚、乡党参加商业营运。因为传统的宗法社会，聚族而居，必然会使人们形成患难相救、有无相贷、饭食相招的亲情联系。个体家庭或家族因为成员有限而无力承担巨量商品的运销任务时，自然会将血缘关系扩大为乡土亲情关系，因为乡土亲情是家族亲情的外延。家族成员是有限的，而同乡关系可以无限放大，这便解决了经商初期人力资源匮乏的问题。而且，商人这样做有更深层次的历史和经济原因。从历史上讲，

① 李景铭：《闽中会馆志》卷一，民国三十二年（1943）刻本。
② 《汉口山陕会馆志》，光绪二十二年（1896）汉口景庆义堂刻本，第3页。

"亲不亲，故乡人"，亲戚乡党互相联引，体现了"一家发财，惠及乡党，出入相友，资表比服"的传统宗法联系，满足了涉外经营的商人在家乡维持良好人际关系的实际需要。从经济上讲，同乡情谊使雇员对企业有一种特殊的亲情，将企业看成自家人的企业，表现出格外的忠诚。这种亲情纽带所形成的凝聚力，对于提升企业的稳定性与竞争力有重要作用，是商业经营中一种巨大的无形资产。因此，一般的陕西商人大都采取这种互相联引的用人方式。如渭南信义镇焦家主要在四川做生意，村里的 62 户人家都有人在焦家的字号里谋生，可谓"一家经商，全村致富"。渭南阳郭镇贺士英家主要在西北各地办典当，渭南和邻县蓝田的贺姓家人都在其各地字号里领有生意，贺家洼村的九条街不同人家都在贺家开的典当字号中做把式或伙计。泾阳安吴堡吴家在各地有生意，村里的上百户人家都随吴家在各地做生意。这种一家一族经商发家后的互相联引，带动四邻乡邑，形成一邑一县的经商风气，并由于相互联引而形成富于传统的经商方向。如明清时期，泾阳、三原人多在陇青做生意，故该地多"西客"；渭南地区的人多在川省贸易，故该地多"川客"；鄠县牛东一带的人多在打箭炉经商，故鄠县多"炉客"。

"联号制"是商号在各地创办购货和销货的分号，也叫"分庄"。布匹、药材、茶叶、水烟、皮货等各业基本上都采取这种方式。如陕西商人一般在三原、泾阳设总号，叫"驻房子"；在商品采购地和贩运沿途设分号，叫"驻坐庄"；然后呼亲唤友，接踵而至，俗称"驻中间，拴两头"。在此经营体制下，用人权主要操之于掌柜，掌柜出于亲情上的需要，亦会将自己的亲戚、乡友介绍入企业，形成"一人发财，合族沾光"的局面。如明清时期，兰州天福公钱庄的掌柜吴大鹏是韩城人，其邀请的两个投资人也是韩城人，于是钱庄的掌柜、二柜、学徒一概是韩城人，人称"韩城帮"。兰州水烟业自从大荔、渭南人办了"兴记""源记"两号后，陕西大荔、朝邑、合阳各县有资力者多趋向烟叶一道，兰州大小烟坊都是同、朝各县商人的企业。同、朝人既是资方，也是烟坊内的管理人员，故被称为"同朝帮"。西宁从事国药业经营的华阴人较多，几乎形成了垄断，故被称为"华阴帮"。自从鄠县牛东孙姓在康定办了"恒泰合"茶庄后，每年有老炉客引带牛东附近的四五十人到打箭炉经商，使鄠县炉客占陕西炉客十之八九，被称为"牛东帮"。在兰州经营土布的以长安、蓝田人为多，故被称为"长安帮"。

无论是乡党联引，还是同店联号，最终产生一个结局，就是同一省县籍商人多集中在同一地区经商业贾，他们出于利益和感情上的需要，会自发联手抱团，组成以乡土亲缘关系为纽带的商人互助自治团体，这就是商帮。商帮的办事机构和标志性建筑则是会馆。由此可见，会馆是商人的企业组织形式在异地延伸的必然产物，它一经产生便带有强烈的乡土和地缘性，是地缘性商人组织的办事机构。对此，我国会馆研究的老一代专家郑鸿笙有中肯分析："中国地域之大，南北温度既不相同，各地产物亦随之而异，加以交通阻滞，语言不一，地方观念深入脑海。且政府纪纲废弛，法律保护未备……中国社会经济能有今日之相当发达者，不得谓非会馆公所等即所谓帮的组合制度之适应我国旧时经济组织也。"①

三、 明清时期山陕会馆产生的外部原因

会馆产生的外部原因，主要有以下几个方面：

第一，会馆是同籍商人乡情的归宿。

---

① 郑鸿笙：《中国工商业公会及会馆、公所制度概论》，载《国民周报》1925 年第 2 卷第 19 期。

明清之际，从事涉远经营的商人背井离乡，以客的身份侨居各地。白日里，他们启门售货，送往迎来，还得面对商场的尔虞我诈、强势逼凌；到夜晚，思念远在故乡的父母妻子、家乡父老，"各人湿各人的枕头"，一种乡愁会萦绕心间，产生"断肠人在天涯"的乡土感情和失落心态。在这种情况下，为了抚慰异地商人，让商人们在感情上保持与家乡文化的联系，以张扬乡土文化为内容的会馆便应运而生。会馆的基本职能就是联乡谊。苏州《新修陕西会馆碑记》对陕西商人集资修会馆的目的说得直接明白："吾乡幅员之广，几半天下。微论秦陇以西，判若两省，即河渭之间，村墟鳞栉，平时有不相浃洽者，一旦相遇于旅邸，乡音方语，一时霭然而入于耳，嗜好性情，不约而同于心。加以岁时伏腊，临之以神明，重之以香火，樽酒篚脯，欢呼把臂，异乡骨肉，所极不忘耳。"[1] 这一段文字将陕西商人修建会馆，为同籍商人提供一个叙乡情、话桑麻、寄托对故乡幽思的场所，描绘得淋漓尽致。而四川自贡《西秦会馆关圣帝庙碑记》亦载，修建西秦会馆的目的是"客子天涯，辰稀星散，情联桑梓，地据名胜。……则又怀睦亲以敦本，于礼协，于情安……此西秦会馆关帝庙所由建与"[2]。这更说明了修建会馆的目的就是让商人怀睦亲以不忘故土，联桑梓以去游子之愁。所以，北京宣武门外关中会馆门前的对联上写着"羲皇故里，河溯根源"，这充分表现了陕西商人与故土文化的联系和强烈的寻根意识。由于明清之际的陕西商人与山西商人多联手做生意，所以他们也多联手共建会馆。《汉口山陕会馆志》详细描述了山陕商人联手共建会馆的原因："山、陕古秦晋姻好之国。地近而人亲，客远而国亲，

---

① 苏州历史博物馆、江苏师范学院历史系、南京大学明清史研究室合编：《明清苏州工商业碑刻集》，江苏人民出版社 1981 年版，第 376 页。

② 郭广岚、宋良曦等：《西秦会馆》，重庆出版社 2006 年版，第 141 页。

适百里者见乡之人而喜，适千里者见国之人而喜，适异域者见似国之人而亦喜。"①

这些都说明，明清山陕商人建造会馆的目的之一，就是为经商异地的商人提供一个化解乡愁的地方，使流寓商人"他乡遇故知"，不致有孤零之叹。用一首清代《汉口竹枝词》咏叹会馆的话来说就是：

> 远别家山趁估船，家乡终觉异风烟。
> 年年报赛春秋社，醉话桑榆共促筵。②

第二，会馆是同籍商人利益的护佑之所。

明清时期的工商会馆产生于中国已经出现市场经济因素的历史条件下，而商帮本身就是市场经济因素的体现。正因如此，明清时期产生的工商会馆必然超越叙乡情的浅表层次，而朝着利益共同体的功利主义方向发展。这种功利主义趋向，是由明清时期中国商界存在的三大矛盾所推动的。

（1）土客矛盾。明清时期，周流天下的商帮是借地求财，他们在客地做生意，无论是流转批发，还是设廛门市，都会挤占本地商人的市场份额，分割本地商人的利润。而且，商帮是以客帮商人的身份与本帮商人对立的，他们在客地人生地疏，势单力薄，是外来户，本身缺乏社会资源的护佑与支持，"外来燕雀独脚伙，本地麻雀帮手多"。于是，客帮商人与本帮商人的矛盾不断尖锐化。本帮商人常常会凭借地缘优势，侮辱欺凌客帮商人。如清代初年，

---

① 《汉口山陕会馆志》，光绪二十二年（1896）汉口景庆义堂刻本，第 12 页。
② 雷梦水、潘超、孙忠铨等编：《中华竹枝词》（4），北京古籍出版社 1997 年版，第 2665 页。

在苏州经营草帽辫的陕西商人，因心高气傲得罪了本地商人。本地商人便以陕西商人散发草帽辫是意欲结党造反为由将其告上官府，致使官府将在苏的陕西商人全部逮捕下狱。后经陕商多方奔走，惊动了乾隆皇帝，才在皇帝的亲自干预下平了一场冤狱。①

清代陕西商人在河南社旗镇生意兴隆，惹得本地商人眼红。本地商人便心怀不满，说陕西商人将河南的银子搬走了，将土地买光了，而且鼓动本地商人用铁锅装上沙石，堵塞社旗唐河上游的水源，使陕西商人因社旗下游不能行船而业务一落千丈。清代，在四川经营典当字号的陕西商人由于组织严密，办事认真，赚了不少钱，本地商人很不服气。当陕西商人欲在成都盖会馆时，本地商人多方阻挠，说陕商坏了当地的风水，不准陕商动当地一抔土，致使陕商不得不返回故乡将家乡的黄土一袋袋背到成都，才盖起了成都的陕西会馆。② 清代洛阳的陕西布商，由于业务兴隆，得罪了本地商人。本地商人买通官府，唆使官府向陕商每匹布多收 12 钱的税。这种日益深刻的土客矛盾，使客帮商人不得不聚在一起，合力抱团，组成利益共同体，创办捍卫自身利益的坚固堡垒，从而占有更多的市场份额，获取更大的经济利益。对此，山西商人在北京设立的临汾会馆《重修碑记》中有充分说明，会馆"匪仅为祀神宴会之所，实以敦睦谊、联感情，本互相而谋福利，法良意美，至是多矣"③。上海《杂谷业公议碑》中也说，设会馆是为捍卫客帮商人的利益，防止本帮商人的侵害。其志曰："每思向无公所，素缺规模，致遇缪辖事情，纷纭争执，言无主宰，理鲜公平；故有受他帮之屈，计难悉数。"④

① 石锦：《近代中国社会性质研究》，李敖出版社 1991 年版，第 161 页。
② 杨涌泉：《中国十大商帮探秘》，企业管理出版社 2005 年版，第 200 页。
③ 李华编：《明清以来北京工商会馆碑刻选编》，文物出版社 1980 年版，第 109 页。
④ 樊卫国：《晚清沪地行业组织兴起及其制度特征》，见潘君祥主编：《上海会馆史研究论丛》（第 1 辑），上海社会科学院出版社 2011 年版，第 36 页。

（2）客客矛盾。在明清之际的中国商界，各地商人群雄并起，逐鹿商场，他们彼此之间也存在竞争。尤其是明代以来，陕西、山西商帮与后起的徽商之间竞争十分激烈。明初，山陕商人利用"食盐开中"政策上的优势，称雄淮扬，在淮扬盐场有压倒性的优势。但明朝中叶以后，徽商渐入淮扬，欲从山陕商人手中抢夺市场份额。他们鼓动安徽籍宰相叶琪，实行盐法改制，"输银于运司"，花钱买引。此法使徽商得以迅速进入淮扬盐场，继而以雄厚的经济实力压倒了山陕商人。而山陕商人没有将自身的力量整合起来对徽商进行反击，故逐渐失去了在淮扬盐场的优势。进入清代，在全国各大商埠与山陕商人竞争的主要还是徽商。如汉口，从经营行业上看，山西商帮主要经营茶叶、布匹、药材、皮货、典当、纸张、果品等行业，陕西商帮主要经营牛皮、羊皮、羊毛、生漆、水烟、药材、茶叶等行业，而徽商经营的行业很多都与山陕商帮相同，有的是买方和卖方的关系，有的是经营同一个行业，因此竞争性就很大。清人叶调元的《汉口竹枝词》形容三帮的竞争形势是：

徽客爱缠红白钱，镇商喜捻旱烟筒。

西人不说楚人话，三处从来习土风。

在四川，主要是陕西商帮与楚帮、江右帮之间存在竞争。由于川陕毗邻，陕西商人"博大劲直"，无忸怩之态，故川人喜陕帮之人；而湖北、江西商人，多"鼠牙雀舌"之事，每每斤斤计较，故川人不喜湖北、江西人。在湖北两河口，秦、晋、徽、浙等八省商人进行竞争，史称"八帮之争"。由于山陕商人力量强盛，故当地的《竹枝词》形容各商帮会馆的特点是：上会馆（山西）赛如金銮殿，下会馆（陕西）铁旗杆，江西馆似瓷器店。

这种客帮之间的激烈竞争，有时会达到白热化的程度。如明代初年，山陕商人在扬州势力很盛，他们的子侄有学儒者，随父兄在两淮，无法回籍考试。为了奖励山陕商人，朝廷特别恩准他们在扬州特立商籍，并附入扬州府学，在扬州参加考试，不必赶回原籍。而徽州为南直隶所辖，不能享受这一优惠政策，徽商对此悲愤不平。明末崇祯年间，徽商买通巡按御使，准其子弟亦在扬州附籍，入府学考试。山陕商人得知消息后，认为这不符合政府当初制定政策的"柔远之初意"，纷纷到运司去说理，掀起了一场不小的请愿风潮。山陕商人对政府施加压力，又凭借扬州知府山西张公的支持，"力主其议，斯事遂寝"，取得了第一回合的胜利。到了清代中叶，徽商又一次向朝廷申诉，请求其子女能进入府学学习，终于被朝廷批准，并将府学附籍童生名额由 7 名增加到 14 名。三帮的"附学之争"几乎持续了近 300 年。① 这说明，客帮之间的矛盾亦推动了同籍商人走向联合，设立会馆来捍卫共同的利益。《潮惠会馆二次迁建记碑》对设立会馆维护本帮利益的紧迫性有深入的分析："会馆之设，非第春秋伏腊，为旅人联樽酒之欢，叙敬梓恭桑之谊，相与乐其乐也；亦以懋迁货居，受廛列肆，云合星聚，群萃一方，讵免睚眦，致生报复，非赖耆旧，曷为排解？重以时势交迫，津梁多故，横征私敛，吹毛索瘢，隐倚神丛，动成疮痏。虽与全局无预，而偶遭株累，皇皇若有大害。踵乎厥后，既同井邑，宜援陷阱，凡此当忧其所忧者也。纵他族好行其德者，亦能代为捍卫，而终不若出于会馆，事从公论，众有同心，临以神明，盟之息壤，俾消衅隙，用济艰难。保全实多，关系殊重，推之拯乏给贫，散财发粟，寻常善举，均可余力及之，无烦类数，此会馆之建，所刻不容缓也。"②

　　（3）客内矛盾。明清之际，同籍商人赴异地经商，由于利益的驱动，亦

---

① 《两淮盐法志》卷二十七。

② 上海博物馆图书资料室编：《上海碑刻资料选辑》，上海人民出版社 1980 年版，第 331 页。

存在见利忘义的不正当竞争行为。这类行为扰乱了市场秩序，伤害了客帮商人在当地的形象。如清代，在河南社旗做生意的山陕商人内部就存在"改换戥称，大小不一，独网其利，内弊难除"的不规范市场行为。陕西旬阳《蜀河镇船帮会馆杨泗庙行船公议章程》中也说，设会馆就是因为该行业存在不规范市场行为，如"人船混闹，阻拦客货，不准远行，只图借机诈索"①。这些不正当竞争行为严重干扰了商业营运的正常秩序，侵害了诚商良贾的正当利益。个体商人碍于情面，无由发作，他们需要一个同乡组织，共同厘定斗斛铨衡、行规业律，以维系市场运作的正常秩序。因此会馆是同籍商人维护利权、行业自律自治的社会组织形式。

第三，会馆是同籍商人的精神家园。

明清时期的工商会馆源起于分享利润、维护利权、共担风险的功利、物质诱因。但它同时又超越功利之上，派生出宗教伦理与艺术支脉融合、本土文化与异地文化交相辉映、财富表征与精神隐喻合璧的文化精品。

（1）客帮商人身居异地，流寓客乡，始终处于被边缘化的地位。又因客地生疏、举目无靠而受本地商民的欺侮侵害。这些被压抑的情绪，常使他们愤恨不平，从而产生心理反弹。他们以手中的金钱作为反抗世俗的武器，在建造会馆时极力张扬展示乡土文化，为自己在客地营造一个故乡文化的氛围，使之成为"客乡家园"，以寄托自己对故乡的情怀，寻求灵魂的慰藉。同时，通过极力铺陈故乡文化的优越来释放飘零异乡的失落心态，为自己在异乡树立起竞争求胜的精神支撑。因此，山陕会馆的营造无不极力张扬本土文化，突出故乡文化在异地文化中的个性特色。如陕西商人在四川营建陕西会馆，

---

① 《蜀河镇船帮会馆杨泗庙行船会议章程》，转引自蔡云辉：《会馆与陕南城镇社会》，载《宝鸡文理学院学报》（社会科学版）2003 年第 5 期。

就是将家乡的四合院移植到蜀地。会馆建筑采取北方建筑风格，布局严谨对称，正殿为重檐歇山顶，以黛色筒瓦覆盖。正脊两端，饰以龙形兽物，房屋构架为梁柱式，木窗雕镂精细，斗拱累叠，表现了与蜀地不同的文化特色。四川自贡西秦会馆的建筑风格与秦地阿房宫有相似之处。北京宣武门外的关中会馆极力张扬自身"羲皇故里，河溯根源"的优越本土文化价值取向。河南社旗山陕会馆《重兴山陕会馆碑记》中说，建造会馆的目的就是使之"毅然蔚起，数十里外犹望见之，诚赊镇之巨观也"①。汉口山陕会馆《重修西会馆关圣帝君正殿记》中讲，建造会馆是为了让人们"弥生西北之辉煌乎，有亲重尽东南之美如是"。开封山陕甘会馆《晋蒲双厘头碑记》强调，山陕商人之所以将会馆修得"金碧交辉，俎豆森列"，就是为了让"四方君子轩车过之，亦莫不羡山陕人士奉圣惟格也"②。河南舞阳北舞渡镇山陕会馆创建牌坊的过程更有意思。该会馆《创建牌坊碑记》中记载，"镇东南筑山陕会馆……宫殿墙嵥已臻尽美，而其中少牌坊一座，善事者为之四顾踌躇焉，而未能满志也"，遂捐资又修了美轮美奂的牌坊，以"彰其美"，使之成为"舞渡之雄关也"。③

（2）会馆是客帮商人祷福求财、祐神免灾的心灵寄托。商海潮起潮落、贫富无常、祸福不测、风险万种，商人常常心怀恐惧，不得不祈求于神灵的祝祐。因此，会馆的神灵崇拜便成为商人安放心灵的归宿。由于山西运城是关公的故乡，陕西潼关是关公的改姓之地，而且关公是武财神，因此，山陕

① 河南省古代建筑保护研究所、社旗县文化局编著：《社旗山陕会馆》，文物出版社 1999 年版，第 270 页。
② 张正明、科大卫、王勇红主编：《明清山西碑刻资料选》（续二），山西经济出版社 2009 年版，第 421 页。
③ 《创建牌坊碑记》，转引自许檀：《清代河南的北舞渡镇——以山陕会馆碑刻资料为中心的考察》，载《清史研究》2004 年第 1 期。

商人莫不祀拜关公，山陕会馆亦多称"关帝庙"。社旗山陕会馆《铁旗杆记》中说，山陕商人祀拜关公，就因为关公是他们的乡土神，"帝君亦浦东产，故专庙貌而祀加虔"。开封山陕甘会馆《增制宝幔銮仪碑记》中讲，他们祀祠关公是因为关公能保佑他们发财致富，"太平之民贸易于兹土者，人既多，生理日臻茂盛，莫不仰沐神庥，咸被默佑也"①。而河南沁阳山陕会馆《重修关帝庙碑记》将祀祈关公以消灾免祸的期盼表述得更直接："秦晋人商贾于中州甚多，凡通都大邑巨镇皆曾建关帝庙……抑去父母之邦，营利千里之外，身与家相睽，财与命相关，祈灾患之消除，惟仰赖神灵之福佑，故竭力崇奉。"②

（3）会馆是同籍商人施行教化、再造人格的圣坛。在物欲横流、钱神卓地的现实世界，商人常常会因追逐金钱而迷失本性，"无商不奸"便成为人们蔑视商人的基本理由。诚商良贾并非天之造化，而是后天教育的结果。商人不得不加强自身职业道德的教育，进行完善人格的再造。山陕会馆崇祀的关公身上所体现的忠义、仗义精神正与诚信的市场规则相吻合，所以山陕会馆祀祈关公，也是对商人进行诚信品质的培育，感化他们仁中取利、义先利后的良知，惩戒不仁不义、见利忘义的不良行为。山西平遥《重修市楼碑记》将会馆创办者这种良苦用心进行描述，其志曰："天中午者，而日中为市，市之时，而有以见帝君之心，忠义所激，庶有感而兴者乎？"③洛阳山陕会馆《关帝君仪仗记》亦记述了祀祈关公对商人的激励作用。其志云：山陕商人祀祈关公不仅是"祈福云尔哉"，"亦以帝君之忠尽仁义，武实是以震浮起靡，

① 河南省古代建筑保护研究所、社旗县文化局编著：《社旗山陕会馆》，文物出版社1999年版，第270页。

② 《沁阳县志》卷一〇《艺文志》，道光四年（1824）刊本。

③ 史若民、牛白琳编著：《平、祁、太经济社会史料与研究》，山西古籍出版社2002年版，第190页。

为万事则故。既载诸祀兴祭其德而极其功，而又推其磊落光明之慨以风示商贾，使熙熙攘攘竞刀锥子母者，日夕承于帝君之旁，庶其触目惊心，不致见利忘义，角祷张而相俎诈也"。[①]

凡此均说明，明清时期产生的工商会馆，实质上是以省（县）籍乡缘关系为纽带，以利润分享为杠杆，以维护利权为鹄的商帮自治性组织形式。它既承载了传统，又反映了社会的变化，是中国商人进入明清后，根据社会转型的需要进行的制度安排。20 世纪 30 年代，工商部《工商同业公会法》站在社会进化的角度对此有精当的总结，不妨赘录：

自舟车交通，商贾往来中，贸易远方，异地聚处，本其民族精神，渐次结合成立团体，是为公所会馆之滥觞。其始也仅为乡谊上之观念，酿资建筑馆舍，以供祭祀及同乡会集之所，或创办公益善举事业，如停寄棺柩，施给医药及开设义塾等。继则基于营业上之共同利害关系，会集讨论，或公订规约，以资相互维系，盖由公益团体性质进而及于商业关系。故吾国工商团体，本于会馆公所制度之精神。[②]

这里将会馆、公所提升到了制度安排的高度，应视之为国家层面的评价。

---

① 章学锋：《秦商史论》，太白文艺出版社 2017 年版，第 140 页。
② 魏文享：《中间组织——近代工商同业公会研究（1918—1949）》，华中师范大学出版社 2007 年版，绪论第 5 页。

第二章

明清时期山陕商人
在各地的活动及会馆建设 （一）

第一节　明清时期山陕商人在北京的活动及会馆建设

一、　明清时期山陕商人在北京的活动及会馆建设

北京是明清两代的都城。随着科举制度的发展和商品经济的繁荣，明清之际的官员、士子和商人都希望在北京有一方具有乡土气息的立足之地，凭借乡谊能够相互关照，于是各省各府甚至各县纷纷在京建立会馆。北京一时会馆林立，处处人声鼎沸，家家车水马龙。据乾嘉时期汪启淑的《水曹清暇录》记载："数十年来，各省争建会馆，甚至大县亦建一馆。以至外城房基地，价值昂贵。"乾隆、嘉庆两朝是会馆发展最快的时期。这一时期，山陕商人在北京的会馆建设，多以独立建造的陕西会馆或山西会馆为主，具有西商共同的特征。

国人素有重视文化教育的传统，"课子弟读书"是传统家风。在明清时期举办的274场会试中，陕西关中是县县有人，场场赴选，并产生了像明代的康海、清代的王杰等钦点状元，出现过弘治年间华州东思庄"三子登科"、万历年间王庭诗"兄弟同榜"的科场佳话。所以明清时期，大量陕西士人赴京求取功名，他们需要在京师赁房攻读、借寓夸官。同时，商品经济的发展促使陕西商人作为一支重要力量登上历史舞台，他们跨州越县，到各地做生意，

特别是在北京做皮货、水烟、药材生意。乾隆时期，北京的关中会馆《重修会馆碑记》记载："秦晋口富商大贾，无不崇祀关壮缪者……，自有明以来……久矣。"① 日本人服部宇之吉在光绪年间所著的《北京志》中指出，京师商人中"最有势力且商机敏捷者为山西、山东、直隶商人，三江、陕西、福建、广东次之"②。直隶京畿地区也有不少陕西商人在活动，顺天府宝坻县"邑之列肆开典者，大率来自他省，惟山右为多，本邑殊少大商"③。在华北著名的药市祁州和正定，陕西商人是西口药材的主要经营者，"主要来货是当归、枸杞、羚羊、麝香、鹿茸、大黄等。帮会首是永隆全药店经理李炳双"④。这些流寓京师的陕西商人，也需要赁屋居货、租房藏盖。

在商人贸易经营和士人科举考试两种需求的拉动下，旅京的陕西士商为了居住存货、联络乡谊和扩大自己在京师的影响，开始捐资修建会馆。修建会馆的初衷用明人沈德符的话说，就是"京师五方所聚，其乡各有会馆，为初至居停，相沿甚便"⑤。陕西士商最早在北京修建的会馆，据目前掌握的材料来看，是明万历三年（1575）由陕西三原人、时任户部尚书的温纯倡修的三原会馆。据《三原县志》载，修会馆的目的是让赴京的陕西士人"得错居而杂处，或以谈艺业，或以通燕好"⑥。这显然是供士子举业的科举试馆。但会试有期，三年一场，停试期间，一些旅京的陕籍官员和商人便借试馆居住或存放货物。这正如清人谢济世所言："京师之有会馆也，贡成均诣公车者居

① 李华编：《明清以来北京工商会馆碑刻选编》，文物出版社 1980 年版，第 43 页。
② 张双林：《老北京的商市》，北京燕山出版社 1999 年版，第 26 页。
③ 《宝坻县志》卷七《风物》。
④ 刘华圃、许子素：《祁州庙会——药材市场概述》，见中国人民政治协商会议天津市委员会文史资料研究委员会编：《天津文史资料选辑》（第 20 辑），第 199 页。
⑤ 〔明〕沈德符：《万历野获编》卷二十四《会馆》。
⑥ 《三原县志》卷一九《逸事》。

停之所也……则过往流寓者亦得居，非土著则不可。"① 科举试馆向士商共建的会馆转化，其标志就是明天启年间由时任御史大夫温纯再次倡修的关中会馆。由于当时的会馆不仅要供士人课业谈艺，还要供商人敬神麻、停货物、寄廛市，因而规模要比科举试馆大得多。据《三原县志》载，北京的三原会馆"巍峨宏敞"，而关中会馆"宏敞壮丽甲天下，环以居民，主以京职，法备财饶"。② "环以居民"说明，会馆已不是纯粹的科举试馆，同籍的其他人士亦可借寓，表明它开始突破专为公车及应试而设的僵化规定，朝着多功能的开放性方向发展；而"法备财饶"说明，会馆已开始吸纳商人投资，反映了山陕商人在京师力量的增长。

此后，山陕士商在京师创建会馆的活动不曾停息，不仅代代有建，而且县县设馆，北京成为山陕修建会馆较早和较多的地区。

二、 明清时期北京山陕会馆的特点

15 世纪以后，中国产生了"现代化因子"，标志就是活跃于各地的商帮的兴起。商帮的发展引发原本已存在的会馆发生深刻变化，集中表现在：从会馆分布上看，经历了从内城到外城、从分散到集中的转化；从会馆性质上看，经历了从官商共建科举试馆到工商会馆的转化；从会馆功能上看，经历了从单纯联乡谊、敬神麻到议商情、参政事等多功能的转变。这些变迁既反映了明清时期北京会馆发展变化的共有规律，又带有山陕区域经济文化的特点。

---

① 高建军：《客栈今昔》，山东教育出版社 1999 年版，第 82 页。
② 《三原县志》卷一九《逸事》。

（一）从会馆而知春秋

某一地区流寓人士在京师所建会馆的兴勃亡忽，既是整个社会兴衰变迁的反映，又是该地区经济文化发展的标志。明清时期北京山陕会馆的发展变迁就是有力的佐证。

首先，从会馆创建的时间看，明清时期，北京的45所山陕会馆（这里主要指主馆，不包括附产）大部分创建于明代万历、天启和清代乾隆、嘉庆年间，兹列表于下：

表3-1　明清北京山陕会馆创建时间表

万历	天启	崇祯	顺治	康熙	雍正	乾隆	嘉庆	道光	咸丰	同治	光绪	宣统	不详	合计
3	2			6	3	6	6	1			2		16	45

自明代将全国会试地点从南京迁到北京后，每年公车赴京考试的士人不下六七千人。他们中或有榜上有名需要借会馆扬名夸官的，或有名落孙山需要借会馆滞留攻读的。因此，以省籍乡缘关系为纽带的会馆开始在北京出现。北京《山荫会稽两邑会馆记》对北京会馆产生的原因有精当说明，碑记指出，明时都中"未闻立馆以萃试子者。自举人不隶太学，而乡贡额加宏，于是朝官各辟一馆，以止居其乡人，始有省馆，既而扩以郡，分以邑，筑室几遍都市"[1]。万历三年，温纯倡修的三原会馆，正是朝官辟馆以聚乡人的科举试馆。但明清以来，人口大规模流动，赴京述职候官和贸易经商的同籍士商激增，

---

[1]　仁井田升主编：《北京工商行会资料集》（第1册），东京大学东洋学文献中心1974年版，第101页。

只准举子借寓而不许他人留宿的科举试馆，显然不能满足"同乡共井，出入相友"的需求。因此，温纯于天启年间又辟关中会馆，其"宏敞壮丽甲天下"，并容留非士人学子的其他同乡得居其中，"环以居民，主以京职，法备财饶"，会馆管理开始走上规范化道路。

清代时，清王朝为加强统治，更加注重科举取士，加之北京的工商业到乾嘉年间达到鼎盛时期，前门外、正阳门大街形成新的商业区，"市廛棋布，为四方会极之区"①。为推动本籍科举和工商业在京师的发展，各省争建会馆，出现了会馆建设的高潮。陕西也不例外。陕西在京师修筑的 17 所会馆中，有 8 所建于乾嘉年间，占陕籍京师会馆的比例较大。同时，于明末清初建立的老馆，翻修或迁徙新馆的活动也多集中在乾嘉两朝。其中翻修的有渭南、关中（东馆）两馆，迁徙新馆的有蒲城、关中（西馆）、延安三馆。这说明"盛世修会馆"是一个规律，会馆的兴盛反映了社会经济文化的发展繁荣。在兵荒马乱的明末和咸同年间，陕西几乎没有在京师新建或翻修会馆的记录。

其次，从会馆创建的县别看，京师陕西会馆的繁兴与陕西经济社会的发展水平同步。明代在京师设立的会馆有三原、泾阳、关中和蒲城四馆。其中关中会馆很长时间内是作为陕西的省馆的。三原、泾阳则处于陕西经济中心和西北中心市场的地位。明代陕西已形成以泾阳、三原为中心沿欧亚大陆桥东段展开的市场网络结构，泾阳、三原成为西北地区的金融和货物贸易总汇之区。每年从西北各省流向泾阳、三原的标期银两就多达二三千万两。②温纯说，他的家乡三原在明代已是"多盐荚高赀贾人，阛阓骈阗，果布之凑，鲜

---

① 《清仁宗实录》卷二四三。

② 刘迈：《西安围城诗注》，陕西人民出版社 1992 年版，第 29 页。

马怒车者，相望太仓"①。在明代，蒲城是陕西人文荟萃之地，科举之盛为他县所不及。入清后，关中地区经济首先得到恢复和发展，特别是同州府所辖"二华关大水，三城朝合阳"的渭北十县，成为陕西商帮形成和发育的核心，陕西著名的渭北财团就活动在这一地区。清代中叶，在京师创建会馆的主要是关中各壮县。乾隆年间，吴长元辑录的京师陕西籍十三所会馆中，除汉中、延安两馆外，其他均为关中各县的会馆。雍正初年，为安置日益增多的人口，实行"放垦秦巴"政策，使千年秦巴老林得到开发，陕南经济出现跳跃式发展，汉中、宁羌、商州这些经济落后的地区一改往昔的面貌，也开始在京师设立会馆。明清时期，在陕北实行"汉蒙互市"的边地贸易，使榆林成为汉蒙交易中心。从事皮毛贸易的榆林各地边商就有 20 余万人，榆林一时成为陕北经济最活跃的地区。这种经济文化的发展反映在会馆建设上，就是榆林士商于雍正年间在京师也设立了会馆，并在光绪年间又筑新馆。榆林会馆在京师很有名，当年宣武门外流行的一句俗语就是"榆林佳县米脂人"。

（二）从会馆而知市井

尽管在京师设立会馆的初衷是供同籍士商在京谈艺课业，但在社会经济格局开始转型的总体框架下，会馆建设也不得不走上社会化、市场化和世俗化的道路，日益带有浓烈的市井色彩。这是明清以来中国封建社会发展到末期在会馆建设层面上的反映。山陕商人的京师会馆建设活动也不例外，同样带有鲜明的社会转型的特点。

第一，从会馆的分布看，其经历了从内城到外城、从分散到集中的转变。明代北京的会馆，主要服务于官员和举子，多由同籍京官"舍宅为馆"，因而

---

① 〔明〕温纯：《温恭毅公文集》卷一○。

多散布于内城的东部街区，如陕西的泾阳会馆、蒲城会馆、华州会馆等。入清后，政府实行"满汉分居"政策，汉族官商等从内城迁出，而外城的前门大街和正阳门大街正值商业繁兴之时，"民舍市廛，日以增多，略无隙地"[①]。山陕商民在"抢滩"意识的推动下，无论老馆的迁移或是新馆的修筑，均向宣武门外大街两侧集中，京师的山陕会馆及其附产都聚集在中城的宣武门外大街及前三门外的通衢小巷周围，这在京师的外省会馆建设中是绝无仅有的现象。这一方面反映了那一时期山陕会馆明显的商业化倾向。对此，《北京经济史话》认为：清代"外地人来北京多取道卢沟桥，因而宣武门外旅店、客店渐渐多起来……而且有地方性……西河沿旅馆多住内蒙古和张家口客商"[②]。这些内蒙古和张家口的客商多为经营口外贸易的山陕商人。并且，会馆在同一街区密集扎堆，具有商业造势的广告效应，形成强烈的市场信息传递，加深了人们对山陕会馆的印象。另一方面，会馆聚集在宣武门外大街两侧，与市场需求有关。因为明清以来的陕西和山西商人垄断着西部的商贸活动，出入京师须经卢沟桥，而会馆设在宣武门外，更接近商路，省费简便，符合成本最低原则。

第二，从会馆的创立看，其经历了京官舍宅为馆、官商共建到商人独建的转变。同籍京官舍宅为馆是会馆建设初期常见的现象，京师的许多陕西会馆亦是由陕籍官员的私宅转化而来的。如泾阳会馆就是由雍正朝任太仆寺卿顺天府尹的泾阳人陈兆仑私宅捐馆所成，韩城和关中西馆也是乾隆年间状元和任兵部尚书的王杰捐舍为馆。像这样的会馆还有不少，这正是温纯所述会馆创建初期"主以京职"体制的反映。随着流寓京师同籍士商的激增，特别

---

① 《清圣祖实录》卷二五六。
② 杨洪运、赵筠秋：《北京经济史话》，北京出版社 1984 年版，第 116 页。

是商人借寓养家、存放货物需求的增强，会馆改变了"商人不得于会馆居住和停放货物"僵化的专馆专用规定，允许同籍商民入馆借寓住宿，会酌事宜。而会馆的建筑、维修以及馆务活动开支的日益增多，也不得不寻求商人投资，因此会馆建设进入"官（绅）商共建"的新阶段。如京师的凤翔会馆，就有凤翔大贾武运的大量投资。《岐山乡土志》卷二载，武运"达观之创建凤翔会馆，公车便之"，其子武肃"尝拓凤翔会馆，从继父志"。渭南会馆亦有渭南富商贺士英的大量捐银，渭南阳郭镇富商姜望绪给京师的渭南会馆也捐了不少银子。① 官商共建会馆虽然在很长时间内是京师陕西会馆的基本形态，但在等级分明的封建社会，官商不相交接，士子耻言贸易，使得官商很难长期合作。而商人的自主经营也要求冲破"主以京职"的束缚，走上独立建馆的道路，故出现了商人独立投资建馆的情况。如大荔会馆就是由大荔商人"路超吉捐购在宣武门外铁老鹳庙"②。富平西馆后为同官（铜川）商人购得，"多为同官商人所居"③。

第三，从会馆的性质看，其经历了从科举试馆向工商会馆的转变。创设之初，京师陕西会馆是为学子举业服务的科举试馆。如万历三年设立的三原会馆，就是供士人谈艺课业的试馆。有许多会馆本身就是科举士子所建，如关中东馆就是乾隆年间的王杰考中状元后，"新状元提出集资筹建陕籍会馆一事，第二年保安寺关中会馆始成"。华州老馆是弘治年间东恩庄、东恩恭、东恩忠三兄弟同榜题名后，"急与在京官员商量，到城外选址，迁移会馆"④。

明中叶产生的市场化浪潮，促使京师许多陕西会馆日益转化为供商人居

---

① 《续修渭南县志》卷八。
② 《大荔县志稿》卷四。
③ 胡春焕、白鹤群：《北京的会馆》，中国经济出版社1994年版，第123页。
④ 胡春焕、白鹤群：《北京的会馆》，中国经济出版社1994年版，第115、120页。

住使用、为商人服务的工商会馆。关于京师的陕西工商会馆，学术界研究鲜见，唯一认定的工商会馆仅有关中会馆一所。如李华《明清以来北京工商会馆碑刻选编》认为，关中会馆为"明代陕西商人创立"；吕作燮《明清时期的会馆并非工商业行会》一文也认为，可以确定为工商会馆的有关中会馆；[①]汪士信《明清商人会馆》认为，关中会馆是工商会馆，因"陕西商人无不崇祀关帝"[②]。明天启年间，关中会馆创建时"环以居民"，已有工商会馆的雏形，此后各代屡有废建，乾隆十五年（1750）由长安京官王子京捐私宅为保安寺新馆，乾隆二十六年（1761）又由王杰倡议在宣武门外设立近于省级的新馆，还包括广宁门外为"关中会馆公产"[③]的九天庙。此时的关中会馆亦开始转化为工商会馆。乾隆年间《重修会馆碑记》记载，修建会馆的目的是"秦晋富商大贾，无不崇祀关壮缪者"[④]。这说明此时出资重修会馆的主体已是"秦晋大贾"，创立会馆崇祀关公是为了"谋利"，会馆亦为关帝庙。

　　其实京师的陕西籍工商会馆绝非关中会馆一所。可认定为工商会馆的还有大荔会馆。大荔会馆为大荔商人路超吉独立投资建造的，会馆馆匾为大荔平民张久博所题，这在京师盛行以京官名人题名馆匾的文化氛围中是特殊的一例，说明会馆以商人平民为主体，而且馆名题为"平利"，既寓意大荔曾为"平利"县的史实，又含有商人对"平等博利"的自由贸易的期盼。会馆所在的铁老鹳庙内供奉关帝，是明清山陕会馆的突出标志（科举试馆一般不供奉关公，因关公为武将，为士子所不屑，一般供奉孔孟及本土名人乡贤，如富平会馆供奉被誉为"关中三李"之一的李因笃，韩城会馆供奉司马迁，便

①　吕作燮：《明清时期的会馆并非工商业行会》，载《中国史研究》1982年第2期。
②　汪士信：《明清商人会馆》，载《平准学刊》1986年第3卷。
③　章伯锋、顾亚主编：《近代稗海》（第13辑），四川人民出版社1989年版，第250页。
④　李华编：《明清以来北京工商会馆碑刻选编》，文物出版社1980年版，第43页。

是例证）。铁老鹳庙香火甚旺，这使大荔会馆在京师以平民性而声名鹊起。

此外，富平会馆、榆林会馆、延安会馆亦存在向工商会馆转化的趋向。富平西馆为光绪年间所建，后售于同官商人，"民国时期多为陕西同官县商人所居"①。榆林会馆则因光绪年间榆林商人高维岳等人献匾捐银而出现异常兴旺的局面。

第四，从会馆的功能看，其从单纯的课举业向议商务、保商情的多元化功能转变。京师最初设立会馆，仅是为本省举子举业和官员联络乡谊服务。但随着同籍商贾民人流寓京师人数增多，商务纠纷和客土矛盾不断激化，亦需要会馆作为整合本籍商人在京各种社会资源的纽带和张扬本土文化的基地而发挥作用，会馆活动日益朝着议商务、保商情的多元化方向发展。入清后，为在京师本籍商人提供联乡谊、敬神麻、议商事、供食宿方面的服务成为陕西会馆的基本功能。关中会馆《重修会馆碑记》载，陕西在京商人莫不崇祀关帝，因为他们需要以关公的勇毅、忠义精神作为面对市场风险和市场竞争的精神支撑。所以，每年阴历五月十三日关公诞辰日，陕西会馆都有大规模的庙会活动。齐如山对京师庙会活动有生动描述："每年开会，总要唱一天戏以敬祖师。开戏之前先开会，会长登台问大家，我们会员来齐了没有？大家说来齐了，会长说凡犯行规的人都是混账王八蛋，随说开戏开戏。"② 同时，许多会馆逐渐演变为商人活动的场所。如三原会馆主馆是供商人"商议大事和接风"③ 的地方；延安会馆出入的陕籍商人极多。而且，值得注意的是，直到光绪年间，供商人借寓居住仍然是会馆的最基本功能。光绪三十二年

①　胡春焕、白鹤群：《北京的会馆》，中国经济出版社 1994 年版，第 117 页。
②　齐如山：《齐如山回忆录》，中国戏剧出版社 1989 年版，第 199—200 页。
③　胡春焕、白鹤群：《北京的会馆》，中国经济出版社 1994 年版，第 127 页。

（1906），北京外城巡警右厅对京师会馆进行调查登记时，住在会馆的"旅店人数"仍然很多，陕西韩城会馆是 21 人，蒲城会馆是 24 人，商州会馆是 11 人，说明会馆不以营利为目的的旅馆功能长期存在。

明清时期北京山陕会馆的变迁，深刻反映了当时北京社会经济的发展变化，说明与时俱进是任何社会组织保持生命力的源泉所在。

第二节　明清时期陕西山陕会馆的创建

一、明清时期陕西山陕会馆的创建

陕西是中国商帮产生最早的地区，也是工商会馆出现最早的地区之一。明初洪武至宣德年间（1368—1435），政府为了巩固西北边疆，在山西和陕西实行"食盐开中""布盐开中""茶马交易"等特殊经济政策，山西商帮和陕西商帮趁势而起。他们将江南的棉布、茶叶等民生日用品贩运到西北，又将西北的皮货、药材和水烟等贩运到江南，承担着沟通南北贸易的繁重任务。山陕商人为了保证经营业务的顺利开展，在各地联合建设会馆，也在发祥地建设会馆。陕西最早的工商会馆是明代嘉靖年间的"金龙庙"，即陕西布帮会馆，在西安东关。据该馆《金龙庙碑》载："金龙庙向为布帮东社报神之所……他们的组织同庙会一样，是香长制，在行业中推出若干大户，轮流担任香长，香长是抱账匣子的，掌管本行业一切重要事务。"① 这说明，西安在明代就建有商业帮会性质的会馆。从那时起，山陕商人在陕西建设会馆的活动连绵不断。就目前掌握的资料而言，明清时期，山陕商人在陕西建设的会馆一共43所，分布在各个交通要道和贸易码头。其详情见附录1。

二、 明清时期陕西山陕会馆的分布特点

第一，山西商人在陕西设立山西会馆，是流寓异地客商所建立的客帮会馆。由于山陕两省地理毗连，习俗相近，而且两省商人在明政府"开中"政策感召下，几乎同时走上经商道路，因而，许多山西商人来到陕西经商。如山西临晋县"民经商陕省者常万余人"②。明代三原人来严然也说，明代以来，"汾人多往来贾货余邑"③。那时，在西安的山西商人主要经营盐业，基本上住在西大街盐店街一带，他们在西大街的梁家牌楼设立了山西会馆。另一部分山西商人在西安经营布匹和典当生意，主要居住在东关一带，又在长乐坊设立了一所山西会馆。两座会馆在西安一东一西，说明明清时期的山西商人一定程度上控扼着陕西的商业贸易。明清之际，由于东西部贸易通商的兴盛，陕西泾阳、三原成为中国西北地区的中心市场和棉布、茶叶、水烟、药材的加工中心，许多山西商人在这两地做生意。三原西关的山西街，就是因为居住的山西商人多而得名。那时在三原、泾阳布店做量布和司账的师傅主要是山西人，他们为了联乡谊在泾阳设立山西会馆。这符合明清时期工商

① 西安工商史料整理组：《解放前西安商会、同业公会情况》，见中国人民政治协商会议陕西省西安市委员会文史资料研究委员会编：《西安文史资料》（第14辑），第57页。
② 《（民国）临晋县志》卷四《生业略》。
③ 〔明〕来严然：《自喻堂集》卷一。

会馆设立的一般规律。

第二，陕西商人在西安设立分县会馆。明清时期出现的十大商帮，是以省籍乡缘关系为纽带所形成的商人行帮组织。而在同一省籍商帮中，又有许多分县商业帮口。明清时期产生的陕西商帮，主体由同州商人构成，同时包括韩城帮、泾阳帮、鄠县帮等其他州县的陕西商人团体。这些州县商帮为了捍卫自身的共同利益也在西安设立会馆。如当时西安的渭南会馆就是由渭南富户贺士英捐资 3500 两银子修建的。大荔富商潘胜臣等倡议在西安修建大荔会馆。西安的凤翔会馆、兴平会馆、富平会馆等都是由旅居西安的该县商人捐资修建的。地方州县商人在作为政治中心的会城和作为经济中心的地县设立会馆，保护一州一县商人的共同利益，这在明清时期的其他省市也是常见的现象，符合工商会馆发展的一般规律。

第三，在陕西的交通枢纽和水陆码头，山陕商人联合设立山陕会馆。明清以来，陕西由于特殊的地理和经济位置，即上连甘陇、下接巴蜀，成为连接中西部贸易的枢纽。特别是陕西的三原、泾阳，作为西部地区的市场中心和金融中心，对沟通中西部地区的贸易联系有着特别重要的作用。而那时，山西和陕西商人经营的主要方向是西北市场，正如《新疆志稿》所言："古城商务于新疆为中枢，南北商货悉自此转输……其东自嘉峪关趋哈密为一路，秦陇湘鄂豫蜀商人多出焉。"[①] 为了维护这一古老的贸易通道，山陕商人在陕西通往甘川的许多交通要道和水陆码头联合设立山陕会馆，而不是独自设立山西会馆或陕西会馆。这是富有深意的历史现象。如丹凤龙驹寨，在丹江水运开通后，成为连接西部和江南贸易的入陕喉吭，"清乾隆后渐次恢复，至同光益臻繁盛，厘金岁入为全省之冠……商号有黄帮、关帮、西帮（山陕帮）、

---

① 钟广生：《新疆志稿》卷二《商务志》。

河南帮、本地帮等"①。各帮在龙驹寨设有十大会馆、十八座庙宇，其中最著名的是山陕商人联合设立的船帮会馆，也叫花戏楼。该会馆据说设立于明代，第一次有记载的翻修是在嘉庆二十年（1815），光绪十六年（1890）再次整修。会馆有上殿、东西厢房和戏楼 20 多间，被称为龙驹寨十大会馆之首。该会馆戏楼匾额有"南秀北雄"四个大字，充分表现了龙驹寨作为中西部商品交流水陆码头的重要地位。陕西西部的凤翔，自古为关中货物集散转输之地，甘川物资由此分流：走甘陇则由宝鸡达秦州（天水）直驱皋兰（兰州），下四川则由宝鸡入益门，穿北栈道达于汉中，是陕西连接川陇的关西都会。山陕商人在此经商贸易，"商贾中客民亦多，同光以前唯晋商为最，同州人次之"②。县城东关"街市十数里，坐贾万余家"，他们联合在县城东关设有山陕会馆，也叫敬诚会馆。据会馆《重修天圣观碑》记载，咸丰九年（1859），捐资重修该会馆的山陕商号有 346 家，其中以从事运输业的为多。③ 咸丰五年（1855）该地有过载行 20 家以上，最盛时发往秦州的"运货骡马年约七八千头"④。陕西连接甘肃的另一过载码头永寿县监军镇，是西安、三原到兰州第二天停歇打尖的必经之地，山陕商人于此经商贸易，联合建立了山陕会馆，其被称为财神庙。当地方志记载："财神庙，在监军镇，乾隆三十二年，山陕商民建，遂次第经营诸神庙。"⑤ 在关中通往陕北的重要交通要道洛川隆坊镇，亦建有"关帝庙，隆坊镇山陕客商建"⑥。

第四，在清代陕南的经济新发展地区，山陕商人也联合设有山陕会馆。

① 《（民国）续修商志稿》卷八《交通》。
② 《（民国）续修陕西通志稿》卷一九五。
③ 陕西省凤翔县地方志编纂委员会编：《凤翔县志》，陕西人民出版社 1991 年版，第 497 页。
④ 《（民国）天水县志》卷八。
⑤ 《（光绪）永寿县志》卷二《古迹·寺庙》。
⑥ 《（嘉庆）中部县志》卷二《祀典志·庙宇》。

陕南的秦巴山区连绵八百余里，物产丰盈。明代，为了防止农民起义，政府实行"禁革山场"政策。清雍正三年（1725），为了安抚流亡，政府"放垦秦巴"，秦巴山区蕴藏的资源优势第一次被大规模地释放出来，陕南经济呈现出跳跃式发展的态势。如汉中，清初粮食尚不够吃，"农一岁两获，无余粟"；康熙以来，休养生息百余年，蔚为繁富之区，"农多饱暖，商裕货财，县境世家望族间里之民，户口繁滋，极称盛焉"①。安康在明末尚"人户萧条，路歧荒僻"，到清中叶已"田亩膏腴，棉桑遍野，男耕女织，富加全境"②，每年仅粮食就剩余"三百万石之多"③。商州在明末还是"千里望苍茫"，到了乾隆后已是"穷山深谷，皆闻鸡犬，老岩绝壑，亦长菽麦，高高下下，人尽务农……在上百度之有余，在下供应之不苦"④。在这些经济新发展地区，山陕商人成为经商贸易的主要力量。他们为了发展商贸事业，对抗本地商人的侵扰，联合设立山陕会馆。在紫阳，明代以来经营茶叶贸易的主要是山陕商帮，"为了扩大贸易，在重要商品集散地的县城，一般都设有会馆，致富之后有的携资还乡，有的就地安家落户，世代经营商业"⑤。紫阳瓦房店是紫阳茶的主要产地之一，当时在当地经营茶叶的山陕商号有28家之多，他们联合建立的山陕会馆至今保存完好，是当地最著名的建筑。特别是会馆戏楼旁边两株百余年树龄的桂花树，至今依然散发着幽香，向人们诉说着山陕商人的辉煌。⑥在川陕交通要道石泉、汉阴等县，经营商业贸易的主要也是山陕商人，正所

① 《（光绪）城固乡土志·户口》。
② 《（咸丰）安康县志》卷一〇《建置》。
③ 《（咸丰）安康县志》卷一〇《建置》。
④ 《（民国）续修商志稿》卷八《交通》。
⑤ 甘肃省地方志编纂委员会编：《甘肃省志》，甘肃人民出版社1993年版，第15页。
⑥ 龙天：《会馆遗韵》，载《华商报》2000年10月30日。

谓"土著寥寥，四方商旅聚而成族"①，他们相继在当地建立了山陕会馆。如石泉山陕会馆，"在城北供关帝，道光二十四年建"②；汉阴山陕会馆，"山陕商人建"③；山阳县漫川关是连接陕楚的贸易口岸之一，许多山陕商人在此经营转口贸易，当时开设的商号有20多家，设立的山陕会馆名为"关帝庙"，至今依然保持着历史原貌，成为当地著名的景点。

第五，明清时期在陕西与山陕会馆并存的还有许多行业会馆。明清之际的工商会馆除了商帮会馆外，由于专业化分工的发展，也产生了许多以行业命名的行业会馆。如西安索罗巷的南药会馆，是由东关广货街药材行、药铺、切药房子等商人修建，其中有戏楼、看台、廊坊、大殿等。④丹凤龙驹寨的马帮会馆是嘉庆二十五年（1820）由陕西西安府咸宁、临潼、渭南等县的骡客捐资修建的，有房舍23间之多。青器会馆由经营青瓷器的山陕商帮捐资修建，建于康熙四十六年（1707），是龙驹寨历史悠久的会馆之一。⑤

第六，明清时期陕西还出现了工商会馆史上并不多见的私人会馆，代表是陕西渭南阳郭镇富商贺士英家所修建的贺家会馆。贺家自明代以来在全省40多个州县设有当铺800余座，钱铺72家，几乎左右着陕西的金融，每年腊月，各当铺、钱铺的掌柜要回去向财东汇报情况，于是贺士英在贺家村修建了贺家会馆。每一个当铺掌柜住一间房子，还专门设有账房进行管理。

综观明清时期陕西山陕会馆的创建及分布，给人非常深刻的印象。

首先，它全景式地展现了明清陕西工商会馆的历史画卷。明清时期，陕

① 《（道光）石泉县志》卷一《地理志·风俗》。
② 《（道光）石泉县志》卷一《祠祀志》。
③ 《（嘉庆）汉阴县志》卷二《建置》。
④ 郭敬仪：《旧社会西安东关商业掠影》，见中国人民政治协商会议陕西省委员会文史资料研究委员会编：《陕西文史资料选辑》（第16辑），第17页。
⑤ 丹凤县志编纂委员会编：《丹凤县志》，陕西人民出版社1997年版，第578页。

西是连接中西部地区的桥头堡和枢纽，是山陕商人经商贸易的发源地和根据地。山陕商人为了促进自己的经贸事业，在经商各地建立各种形式的会馆。既有流寓异地的客帮商人所建的省际会馆，如山西商人在西安和泾阳建立的山西会馆；又有同籍不同州县商业帮口在省城和中心市场设立的分县会馆，如渭南商人在西安设立的渭南会馆，大荔商人在西安设立的大荔会馆等；还有在陕西的各个交通要道和通商码头建立的山陕会馆。不仅有山陕商帮在各地设立的商帮会馆，还有因专业化分工的发展超越行帮地域性而设立的各种行业会馆；不仅有合帮商人设立的联省会馆，还有个别商人设立的私人会馆。明清以来，工商会馆发展史上出现的各种形式的会馆都可以在陕西找到历史原型，这充分证明，陕西是中国商帮的发祥地之一和会馆建设较早的地区之一。

其次，山陕商人在陕西交通要道和水陆码头没有设立独立的分省会馆，而是设立联省的山陕会馆。这说明，明清时期，经营西部商贸、沟通中西部地区经济联系是山陕商人的共同事业，他们的利益趋同，客帮和本帮之间没有根本矛盾，所以才设立联省会馆，以保障事业的共同发展。同时说明，明清时期，山陕商人共同关注的是广阔的西部市场，他们仅仅把陕西作为通向西部的枢纽和桥头堡，没有必要在此进行内耗性的竞争，而是携起手来一致对外，从而改变自己以中小资本为主的弱势，壮大经营西部的经济力量。会馆命名为山陕会馆，也表现了陕西商人配合山西商人的积极、谦和姿态。这在中国工商会馆发展史上应当说是一种奇特的现象。

第三节　明清时期山陕商人在甘肃的会馆建设

一、　明清时期山陕商人在甘肃的活动及其会馆建设

清康熙八年（1669）以前，陕甘一省。明代的陕西布政使司管辖着包括甘肃在内的西北广大区域，明杨恩《秦亭考》的"大陇西来万岭横，秦亭何处但荒荆；汧西考牧方分土，陇右山川尽姓嬴"大致反映了这种历史状况。作为陕西的一部分，甘肃是陕西商帮的发祥地之一，明代以来的陕帮商人，许多就是甘肃人。如庆阳人高雄"正统间兄通贩淮盐"，王良"父恭远出商贩……遍历江淮……八十余不能归"。[①] 阶州人王贤"家贫弃儒，商吴楚间，累致千金"。皋兰人曹佐慕西安人张克量"贾道，求与公伙，经数年"[②] 获得成功，黄珍"商游江南不归"[③]。最著名的甘肃商人为乾隆年间的穆士元，原籍甘肃威武，因办茶务居陕西泾阳之时多，清朝定鼎后茶务繁兴，穆为通行领袖数十年。[④] 陕西商人也视赴兰州经商为本土营生，纷纷远上陇右，独立或与甘肃人合伙做生意。这成为那时陕西商人经营的普遍现象，其足迹遍布甘肃各地。如陕西蒲城人王洪绪"向在肃州日新店开张杂货生理，领凉州陈成

---

① 《（乾隆）甘肃通志》卷三八。
② 〔明〕康海：《对山文集》卷四二。
③ 《（乾隆）甘肃通志》卷五一。
④ 《兰州府志》卷一〇。

章、泾阳何兴邦本钱，行运四九年，有店口牌甲可凭"①。陕西商人徐子建、师回同甘肃商人李步安、付德以及山西商人苓某合伙在肃、凉两州做玉石生意，"将玉石运往苏州售卖"。咸阳人王才嘉靖年间"贩木陇右诸山间。不数年，家日富"②。韩城商人苏含章"幼服贾于西凉"③。三原商人马正用"贸易宁州"④，泾阳商人张少峰"与同里李扶荆贾于狄"⑤。这说明，明代以降，陕西商人在甘肃有很强的实力。

入清后，平定西域，为了加强边疆建设，康熙八年实行陕甘分省，遂使山陕商人在甘肃的贸易形势发生了变化。山西商人由于开辟了沿内蒙古草原南端入新疆的新商路，主营南大路贸易，在沿丝绸之路入新疆的北大路贸易方面实力有所减弱，从而为陕西商人在甘肃的实力增长提供了难得的发展空间。从此，陕西商人改变了长期屈居山西商人之后的被动局面，取得了在甘肃与山西商人势均力敌的发展态势。同时，入清后，政府改变了茶叶官营的"茶马交易"政策，实行"兰州道理"的商茶体制，使主营黑砖茶的陕西茶商力量大增。陇右商贸长期以来掌握在山西和陕西商人手中。陇人彭英甲在《陇右纪实录》中指出，甘人"家园株守，无百里负贩之人，所以省会及各属，凡商业稍有可观者，山陕人居多"⑥。刘向东亦指出："自上世纪末到本世纪三十年代，在兰州经商的商人多非兰州本地人或甘肃人，相反多山（山

---

① 上海书店出版社编：《清代档案史料选编》（第 3 册），上海书店出版社 2010 年版，第 499 页。

② 张鸿杰主编：《咸阳碑石》，三秦出版社 1990 年版，第 114 页。

③ 《（光绪）同州府续志》卷一二。

④ 《三原县志》卷一〇。

⑤ 《（乾隆）狄道州志》卷七二。

⑥ 彭英甲：《陇右纪实录》卷八，甘肃官报局石印，1911 年。

西）、陕、平、津商贾。"① 萧梅性在《兰州商业调查》中对山陕商人在甘肃的经营状况有真实记叙：兰州商业"金融之权，操于山陕津帮之手，各大行店，晋商称胜，钱庄药号，秦人居多……制造青条黄烟，陕甘两商，亦足齐驱"②。

贸易陇右的山陕商人为了护卫他们的商业利益，联络乡情，化解客地乡愁，抗衡外帮商人，联合或独立在甘肃各地设立山陕会馆或陕西会馆、山西会馆。明清以来，甘肃是山陕商人活动的主要区域，在甘肃设立会馆最多的也是山陕商人。会馆分布在会城和河西走廊的城乡各地，像珠串般点缀在甘陇的大地上。对此，《甘肃省志》总结为："甘肃近代商业经营管理落后，富商大贾者少，多属小本经营，皮毛、茶叶、布匹、绸缎，主要由山陕大帮经营，本地商贩主要经营杂货、饮食、服务等。山陕大帮为了扩大联络，在重要商品集散地的县城，一般都设有会馆，致富之后，有的携资还乡，有的就地安家落户，世代经营商业，成为当地的商业世家。"③据目前掌握的资料来看，明清以来，山陕商人在甘肃各地设立的会馆多达 35 所，其中最早的是明天启年间在榆中设立的西会馆和康熙年间在兰州设立的骊陕会馆。这些山陕会馆有许多保存至今，成为当地著名的文化景点。

二、 明清时期甘肃山陕会馆的分布特点

明清时期，流寓甘肃的山陕商人及其弟子因可寄籍客地参加科举考试，

---

① 刘向东主编：《兰州市服务业志》，甘肃人民出版社 1991 年版，第 12 页。
② 萧梅性：《兰州商业调查》，陇海铁路管理局，1935 年，第 2 页。
③ 甘肃省地方志编纂委员会编：《甘肃省志》，甘肃人民出版社 1993 年版，第 15 页。

故没有设立科举试馆的必要，其各地的山陕会馆基本上都属工商会馆。正因为如此，甘肃各地山陕会馆的兴衰变迁真切反映了山陕商帮在甘肃力量的消长变化，其分布状况亦反映了明清时期甘肃各地商品经济的时空延展。可将明清时期甘肃山陕会馆的分布特点归纳于下：

第一，明清甘肃山陕会馆的地区分布反映了甘肃商品经济的发展状况。

宋代以降，甘肃成为连接中原与关外少数民族地区的商品中转之地，故其"乃一边境商场，而操纵此商场者，大都外方人，以秦晋帮势力最为雄厚"①。因此，明清甘肃山陕会馆的分布，基本是沿丝绸之路和茶马古道做推进式展开，遍布陇上四大富区（兰州、宁夏、秦州、甘州）、三大都市（张掖、酒泉、武威）及周边的大小城镇。这种分布状况反映了明清之际甘肃商品经济和市场网络结构的发展历程。

兰州是甘肃会城和西出长安的西北商业中枢，山陕商人沿平凉和天水的丝绸之路和茶马古道汇聚兰州，这两条商路上分布的山陕会馆数量很多。出长安趋平凉为丝绸之路入甘孔道，沿途隆德、通渭、榆中是最早设立山陕会馆的区域。隆德居民所需商品主要来自湖北、陕西、河南数省，"铺户多系山陕人营业"，尤其"茶商初多甘陕人"，商业活动使"街市喧闹，阛阓流通，乡人买卖交易亦觉方便"②。通渭做茶叶、布匹的山陕商人很多，县城"东多民居，西多客商……西关中街有山陕会馆"③。榆中是兰州的门户，明天启元年（1621）就有山陕客商集资修建双层歇山式结构的西会馆。出略阳入秦州（天水）是茶马古道入甘肃的主要通道。明代在河州（临夏）设茶马司，"命

---

① 刘文海：《西行闻见录》，李正宇点校，甘肃人民出版社 2003 年版，第 38 页。
② 《（康熙）隆德县志》卷二《食货》。
③ 《（光绪）通渭县志》卷三《地域》。

秦陇商领茶引，采茶于汉，运之茶马司"①，这条商路上的两当、徽县、天水、甘谷、夏河、临夏印刻着山陕商人的足迹。两当僻离山林，城无列肆，秦晋外商"持布缕诸物叩门与乡人市……辄大获以去"②。天水是"甘省东西衢地……商人以秦晋两帮为多"③。每年经凤翔发往天水的"运货骡马年约七八千头"④。为了存放货物、食宿打尖，分别在天水修筑了陕西会馆和山西会馆，今日仍然保存完好，成为当地名胜。作为茶马交易重镇的河州更是山陕商人麇集之区，全城商号有 2000 余家，"又山陕帮商号……资本甚大，握商界牛耳"。他们凭借雄厚实力，不惜重赀在河州城内下驴市街购占大片土地，修山陕会馆一处。此馆规模宏大，建筑甚壮丽，成为河州著名景点，中华人民共和国成立后长期作为临夏市政府的办公之地。⑤

出兰州的陇西三大都市——张掖、酒泉、武威是山陕商人纵横捭阖的广阔天地。武威市"商人以陕籍为多，晋次之……陕商多贩卖土产及湖北白布、蓝布……本县需要棉花，向恃陕西运来"⑥，市面繁盛。武威各界举办各种欢迎仪式也常"假陕西会馆"⑦。张掖为甘、新两地之枢纽，甘省原料出产之地"市廛殷阗，人口稠密，商肆货柜横列门首"⑧。山陕商人于光绪年间在张掖筑有陕西会馆和山西会馆，现仍有遗址留存。酒泉为甘肃极西之锁钥，商贾往来，蔚成大观，"输入品由东大道来者，以陕西之大布及纸张为大宗……商

---

① 《（光绪）洮州厅志》卷一六。
② 《（道光）两当县志》卷六《风俗》。
③ 《西北银行汇刊》第 1 期，第 21—22 页。
④ 《（光绪）天水县志》卷八。
⑤ 马鹤天：《甘青藏边区考察记》，胡大浚点校，甘肃人民出版社 2003 年版，第 23 页。
⑥ 林竞：《蒙新甘宁考察记》，刘满点校，甘肃人民出版社 2003 年版，第 102 页。
⑦ 高良佐：《西北随轺记》，雷思海、姜朝晖点校，甘肃人民出版社 2003 年版，第 100 页。
⑧ 高良佐：《西北随轺记》，雷思海、姜朝晖点校，甘肃人民出版社 2003 年版，第 112 页。

人以晋人为多，秦人次之"①，故建有山西会馆和陕西会馆，成为秦晋商人的祈福之地。

山陕商人不仅在甘肃的四大富区以及三大都市的中级市场设有会馆，而且在这些中级市场的周边县、镇等初级市场亦设有会馆，其足迹从陇上的通都大邑深入穷乡僻壤。如凉州的古浪县，"商民多陕晋人"，他们在古浪的土门和大靖镇设有山陕会馆；康县南60里带镇"其人半秦"，设有陕甘会馆，为该镇的名胜之区。② 景泰县八道泉乡青城村"旧日为繁盛之站"，为"黄河边岸一市场也"，山陕商人在该地筑有三圣庙即山陕会馆，门前有铜旗杆岿然屹立。③

甘肃山陕会馆的分布状况深刻反映了明清以来甘肃以兰州为中心市场，以平凉、天水、张掖、武威、酒泉为中级市场，以广大县镇集市为初级市场的市场网络结构。这种市场网络结构本身是明清以来甘肃商品经济发展的历史产物。

第二，明清甘肃山陕会馆的区域分布反映了陇右山陕商人实力的消长变化。

工商会馆作为客籍商帮联乡谊、敬神庥、议商事、保商情的办公之地和标志性建筑，其业务开展和建筑规模、建筑风格都是本帮商人经济实力的集中展示和物象反映。在甘肃，山陕商人联合修筑的山陕会馆仍占主导地位，在35所会馆中，以"山陕会馆"命名的有13所，约占38%。陕西商人在甘肃是在家门口做生意，占尽天时、地利、人和的优势，因此，当他们与山西

---

① 林竞：《蒙新甘宁考察记》，刘满点校，甘肃人民出版社2003年版，第119页。
② 《（光绪）康县志》卷九。
③ 林竞：《蒙新甘宁考察记》，刘满点校，甘肃人民出版社2003年版，第71页。

商人实力相当时，就会独立建筑会馆。这使甘肃的山陕会馆呈现出聚散不定、分分合合的复杂局面，深刻反映了山陕商帮在甘肃市场上既联合又竞争的矛盾关系。以兰州陕商会馆的变化为例予以分析。明代至清初，陕商主要经营西北边关的"食盐开中"和兰州的"茶马交易"，在兰州经济实力雄厚，故于康熙四十七年（1708）在山字石设立骊陕会馆，调节陕商在陇上的活动。入嘉道后，晋商实力增长，便联合陕商设立山陕会馆。咸丰五年，陕商实力大增，陕商又从山陕会馆中分离出来，在"贡院陆军巷设立陕西会馆"。同治后，陕商因家乡战乱而发展受挫，元气大伤，故于宣统年间又联合晋商设立山陕会馆。① 这种分合聚散真实记录了山陕两帮商人在甘肃市场上的迭兴盛衰。

山陕商帮在陇上会馆建设中的分合关系，在不同区域呈现出不同情况。在甘肃中级市场上，由于两帮实力旗鼓相当，故独立分设会馆为常见现象。如在酒泉，"商人晋人为多，秦人次之"②，因而他们在清中叶分别设立了本省会馆。在张掖，清初晋商力量盛，于雍正三年设立山西会馆；同光后，陕商力量突起，于光绪二十六年（1900）专门设立了陕西会馆。在天水，两帮也是分立会馆。在县、镇一级初级市场上，两帮表现出强烈的竞争态势，如武威"商人以陕籍为多"③，故独有陕商设立陕西会馆的记载。这一现象在景泰县表现得更为典型：最初，晋商势盛陕商势弱，故雍正三年设立的会馆被命名为山陕会馆；入道咸后，陕商由弱转强，压倒晋商，便于咸丰五年将会馆命名为陕山会馆，这清晰表现了"从会馆而知春秋"的商业规律。

---

① 刘向东主编：《兰州市服务业志》，甘肃人民出版社 1991 年版，第 9 页。
② 林竞：《蒙新甘宁考察记》，刘满点校，甘肃人民出版社 2003 年版，第 119 页。
③ 林竞：《蒙新甘宁考察记》，刘满点校，甘肃人民出版社 2003 年版，第 102 页。

第三，明清甘肃陕甘会馆的设立，既表现了陇商的兴起，又表现了陕西商人的开放意识和本土化倾向。

在明代，甘肃商人是陕西商人的重要组成部分。清康熙八年，陕甘分省，陇商开始作为一支重要的商业力量登上历史舞台。《新疆志稿》载，入清后经营北路入疆贸易者，"秦陇……商人多出焉"①。入清后，兰州水烟业兴起，经营兰烟的兰帮商人掌握兰州水烟的半壁河山，故《兰州商业调查》载："制造青条黄烟，陕甘两商，亦足齐驱。"② 入同光后，陕商因陕甘回民起义的打击力量受挫，陇商急起直追，《崇信县志》记载了这一变化："同光以后，节节进化，耕读外，多重实业，往来岐凤、泾原者不乏人。"③ 陇商成为与晋陕大帮并驾齐驱的商业力量。民国文献记载，陇上商帮力量的排序是"晋人为多，秦人次之，津人又次之，土蕃又次之"④。

陇商兴起后，陕商为了与晋商竞争，往往联络陇商以壮大自己的力量，《新疆志稿》记载的秦陇商人的合作情形是："秦陇之民，昔多贩运鸦片谋重利。近则此业甚微，转而积谷转输，贱籴贵粜以取利，或资贷以征重息，或辇关中百货以应稗贩之求，号曰行栈，其民忍劳耐苦，不鄙贱作，故久恒致富。"⑤ 这种合作表现在会馆建设上就是两帮开始携手创建陕甘会馆。康县陕甘会馆就是一例。该会馆又称关圣庙，在县南 60 里之带岸镇，"院宇宽广，正庭有关帝圣君金像，右厢房为娘娘殿，左厢房为陕甘会馆，前有戏楼，楼宇辉煌，为岸镇不胜之地"⑥，充分表现了明清工商会馆"馆庙合一"的基本

---

①　钟广生：《新疆志稿》卷二《商务志》。

②　萧梅性：《兰州商业调查》，陇海铁路管理局，1935 年，第 2 页。

③　《（民国）重修崇信县志》卷一。

④　林竞：《蒙新甘宁考察记》，刘满点校，甘肃人民出版社 2003 年版，第 119 页。

⑤　钟广生：《新疆志稿》卷二《商务志》。

⑥　《（光绪）康县志》卷九。

特点。后来他们又把这种合作推广到内地，这就是于光绪年间在开封设立的山陕甘会馆。

陕甘会馆的设立，既表现了陕西商人汇纳百川的开放性经营思想和竞争意识，又表现了其在甘肃的本土化进程。设立陕甘会馆，说明陕西商人开始将自己整体融入甘肃的社会氛围，形成对甘肃的文化心理认同，表现出明清甘肃客帮商人的本土化倾向。对此《敦煌县志》总结为："商贾先自山西、陕西贸易至此，迈亦渐入土著，置田起屋，均列户民。其原籍尚有家室者，每隔三五年归省亲属庐墓。其有力者，父母殁后，子孙们扶榇归里，亦不忘首邱之义耳。"① 这正是明清商帮在流离客地置田起屋、修建会馆的初衷。

第四节　明清时期山陕商人在青海的会馆建设

一、 明清时期山陕商人在青海的活动概况

青海西宁作为西北商贸的"金城五路"之一，在明代初期就有山陕商人活动的足迹，这与他们抓住政府实行"茶马交易"政策的历史机遇开拓创业有直接联系。

明代初年，为了防范蒙古族鞑靼势力的反扑，羁制边外土蕃少数民族的离心倾向，政府以茶叶为武器，在西北边地实行"茶马交易"政策，即将陕西紫阳、汉中地区的茶产，仿效"食盐开中"的方式由商人运到秦州、西宁，

---

① 《（道光）敦煌县志》卷七《杂类》。

交换边外少数民族的马匹，使"戎人得茶，不能为我害，中国得马，足以为我利"①。这就是明代以来长期存在的西北边茶贸易。西北边茶贸易最早在陕西实行，陕商抓住了这一政策机遇，不畏艰险，远上青藏高原，将陕西的茶产资源优势转化为效益优势。特别是洪武三十年（1397）改秦州茶马司为西宁茶马司后，其机构设在西宁卫城北大街，市马地点在镇海堡，陕西商人就开始在西宁发展起来了。清梁份《秦边纪略》载，来西宁交易的"自汉人、土人而外，有黑番、有回回、有西夷、有黄衣僧，而番回特众"，使西宁市场"牝牡骊黄，伏枥常以万计……负提辇载，交错于道路"，晋益志、合盛裕是陕西商人最早在西宁创办的商号。

寻常之物，一经商人之手便价增十倍。山陕商人将茶叶、布匹运至甘宁，回程又看准青海皮毛资源的市场商机，顺势开发了西口皮货贸易，大量收购羊皮、牛皮，贩回陕西泾阳、大荔，硝制成裘皮畅销内地。最初在西宁做皮张生意的主要是陕西同州和山西大同等地的商人。同时，山陕商人还在西宁开发布匹、药材生意，"于西宁等地采挖收购，自制成药销售"，明代西宁"做生意的人，山西省的人为最多，其次是陕西省的人"②。他们基本操纵了西宁的商贸活动。

清政府为了缓和民族矛盾，加强边疆管理，于雍正二年（1724）准许准噶尔藏蒙人入藏"熬茶"，途经的丹噶尔城贸易开始兴盛起来。丹噶尔在此后200年间成为青海民族贸易的中心市场，有"小北京"之称。大批山陕商人（约230多人）赴湟源做皮毛、布匹、药材生意，至今当地的多数居民都是明清以来秦晋商人的后裔。在西宁的陕西商人"大者十一家，聚义成、泰源涌

---

① 〔明〕孙旬辑：《皇明疏钞》卷八〇《食货》。
② 青海省图书馆编：《清末民初——1912年建省前的西宁商业情况》，油印本。

与德合生资本各三万元……批发京广杂货兼办皮毛或药材。……余则……经营京广杂货颜料纸张或布匹海菜等"①。他们的生意做得都很大，仅布匹"从三原采办，每年的销售量即一千卷，价银二万五千两，十分之八在丹地售给当地商人，余下在蒙藏销售"②。每年经丹江运销陕西的羊羔皮10万到15万张，价银8万两；野牲皮四五千张，价值5000万两。这些山陕商号多采取联号经营方式，将贸易触角深入草原深处，如山陕商人兴办的协和商栈，总号设在西宁，分号包括湟源兴海商栈、贵德生成商栈、同仁兴隆商栈、循化统盛商栈、共和经海商栈、同德协永商栈、上五庄济成商栈、鲁沙尔集成商栈、藏寺益成商栈和乐都、民和、叠源、大通、互助、化隆、海东、八宝、贵德分号。③ 这种蛛网式的经营方式，带动了西宁、湟源周边地区如湟中、贵德、门源、上五庄、隆务寺等地商品经济的发展，使西宁、湟源成为土特产的集散中心，形成了以西宁、湟源为中心的新的市场网络结构。当时，湟源作为海藏通衢的贸易总汇，已形成东大街、西大街、中大街、仓门街、隍庙街等商业中心市场，东关半里街的牛马骡专业市场、西至前街羊毛贸易专业市场，"每年集散的羊毛总额，约四千万斤以上，各类皮张，亦不下三十余万张……每逢元宵节，商店用彩布篷街，爆竹通宵，可谓盛一时之极"④。

西宁、湟源贸易的繁盛又拉动了青海南部藏区商贸经济的发展。青海的山陕商人和藏商"赶着骡马、携上银元……横穿藏民区而过的时候，总在西宁或湟源筹措了一切应用之物，于旧历六月初动身，七八两个月穿过藏

---

① 马鹤天：《甘青藏边区考察记》，胡大浚点校，甘肃人民出版社2003年版，第154页。
② 王致中：《明清西北社会经济史研究》，三秦出版社1989年版，第172页。
③ 青海省图书馆藏：《青海协和商栈组织规程及经营皮毛药材暂行办法》，铅印本。
④ 廖霭庭：《解放前西宁一带商业和金融业概况》，见中国人民政治协商会议青海省委员会文史资料委员会编：《青海文史资料选辑》（第1辑），1963年，第117页。

区……因此青海与西藏通商一年只一二次"①。在青藏商路上从事商贸活动的主要是山陕商人。玉树的商号"多系陕、甘、川、康等处行商"，商会会长是陕西三原人，且"至此已二十余年，娶藏妇，生二子一女"。作为玉树商业的主要从事者，甘、川、康等处行商"自各地携物来售，售罄后将玉树土产运往内地……玉树贸易全赖此群流动商人之往返"。结古商业"以陕、甘为多……清末民初，有山、陕商三十余家"。②

另外，在青海民族贸易中，不可忽视"歇家"与"刁郎子"的作用。在明清"藏不入汉，汉不入藏"的贸易管理体制下，山陕商人赴青海少数民族地区做生意，最初只是在汉藏边地设店成廛。后为堆放货物、食宿打尖，他们开设了有会馆货栈性质的私人歇家。③"汉藏分治"的僵化体制，并不能阻挡勇毅果敢的山陕商人贸易的步伐，他们在重利刺激下突破政策雷区，深入藏区与牧民交易。《平番奏议》卷一载："内地歇家、奸贩贪利，潜往贸易。"有的歇家甚至"择山僻处所，私开小店……销变赃物"。因此，介于歇家与蒙藏牧民之间做小本生意营生的"刁郎子"，他们共同构成青海民族贸易中一道亮丽的风景线。

明清时期，青海的陕商是从自己的老家三原、泾阳、渭南赴陇右和西宁做生意的，他们在西宁、湟源开的商号许多就是三原、泾阳总号的分庄或分店，当时叫"驻中间，销两头"。这便使得青海经济走出"悬浮域外"的闭塞状态，与内地经济发生密切联系。青海成为西北地区以陕西三原、泾阳为

---

① 《雍言》第 2 卷第 9 期。
② 马鹤天：《甘青藏边区考察记》，胡大浚点校，甘肃人民出版社 2003 年版，第 278—290、458 页。
③ 闫成善：《湟源的歇家、洋行、山陕商人和座地户及刁郎子》，见湟源县政协文史组编：《湟源文史资料选辑》（第 5 辑），1978 年，第 11 页。

中心市场,以天水、兰州、肃州、宁夏、西宁西北五路为中级市场,以湟源、湟中、贵德、民和等县城市集为初级市场的区域市场网络结构中的重要组成部分。西北地区山陕商帮长期存在"标期汇划"流通体制,"每月二十一日的镖期,行店和商号均收讫外欠货款,统一结算;二十三日为走镖日期,就是送货款,这几家商号把走镖的银两均装成木匣,由经常驮送镖银的脚夫驮送兰州的庄口,送镖银时还请西宁镇派骑兵七八名护送兰州。兰州庄口每月二十九日分送陕西三原、泾阳、韩城、凤翔等庄口"①。每年从甘、宁流向三原、泾阳的标期银两不下两三千万两。

进入清末,青海的商贸形式有所变化。一则在山陕商人的引导下,陇青人民商智初开,开始自办商号、自办歇家,分取了山陕商帮利润的一杯羹;二则外国洋行和津商买办加强了对青海商业的渗透,为垄断青海羊毛贸易,打击青海最大商帮——晋商,使得晋商力量有所削弱;三则陕甘回民起义失败后,许多陕西回民开始移民西宁、湟源。据考:"青海回民是清代去的……白彦虎曾带二万回民驻西宁的小南川,有少数人留居未走……从事的是小商小贩,他们资本很小,常向大商人贷货,然后深入周围藏牧区换取土特产品和皮毛等畜产品回城镇倒贩,再向批发商归还钱币。"② 这些因素使陕商势力在青海大增,开始压倒晋商。据载,民国初年的西宁贸易形势是,"各商号,首推河州人所开之义源祥……次则陕西帮……次为山西帮"。不独西宁如此,其他地区亦是如此。1930 年,结古陕甘公所的献匾上所书各商号名称,"计甘肃十三家,陕西九家,四川五家,山西仅汾阳德盛魁一家,河南一家"③。这

① 青海省图书馆编:《西宁建省前的商业情况》,油印本。
② 赖存理:《回族商业史》,中国商业出版社 1988 年版,第 199—200 页。
③ 马鹤天:《甘青藏边区考察记》,胡大浚点校,甘肃人民出版社 2003 年版,第 154、458 页。

是山陕商帮在青海力量消长变化的佐证。

二、 明清时期山陕商人在青海的会馆建设

明清山陕商人抛妻别子远离家乡赴青海做主意，流寓客地，人地生疏，作为客商，处于当地主体文化之外的边缘地位。同时，藏、汉语言不通的又一层困难，更增添了他们"独在异乡为异客"的愁绪。为了化解乡愁，联络感情，集合力量与本地商帮、其他客帮竞争，山陕商人在青海各地捐资修建会馆，使之成为促进他们商贸事业发展的根据地和保障所。

山陕商人在青海最早设立的工商会馆是光绪十四年（1888）由山陕商人在西宁捐资修建的山陕会馆，同时祭祀关公，所以亦叫关帝庙。他们在西宁购置地产两处，一处在西宁府东关路南的南庄子旱台上，叫山陕台墓地，用来暂厝、埋葬亡故的山陕同乡；另一处在西宁东部曹家寨附近，占地数十亩，称作"山陕义地"，也叫"香粮地"。该会馆于光绪二十一年（1895）在海东回民抗清斗争中被焚毁，光绪二十六年重建。[①] "西宁山陕会馆内有 16 家商号的经理为会首……山陕商人分为内外两帮，入会馆者为内帮，不入会馆者为外帮。内帮的商号每家要交会馆本银 24 两"[②] 作为会馆的经费。山陕商人除在西宁设总馆外，"后来又陆续建有湟源、大通、民和、上川等分处的馆"[③]。湟源的山陕会馆在隍庙街的玉皇庙；民和县上川口镇的山陕会馆在川口东街，"会馆面积约 5 亩，靠北大殿 3 间，过庭 3 间，雕梁画栋，门窗檐壁彩色油

① 任斌：《略论青海"山陕会馆"和山陕商帮的性质及历史作用》，载《青海师专学报》1984 年第 3 期。
② 翟松天：《青海经济史·近代卷》，青海人民出版社 1998 年版，第 231 页。
③ 王昱、聪喆：《青海简史》，青海人民出版社 1992 年版，第 232 页。

画，极其精巧，形如古庙宇。大殿供财神爷、关云长、马王爷三个牌位……大殿两边皆有耳房，作为伙房、库房。院内东房一面正南戏楼 3 间两边铺面，戏楼下面走道，上面戏台"①。山陕商人不仅在青海人烟稠密的汉藏边地设有会馆，在青藏草原深处亦设有会馆。如结古就有陕甘公所（明清之际"公所""会馆"通称，会馆小而为公所，公所大而为会馆），系商界所建，"犹各地之关帝庙。惟此地因市面甚小，仅此一庙，各神祀于一室，除关帝外，尚有孔子、财神、马王等，可谓文武一堂，圣神合室，故曰奉祀公所"②。可见，捐修会馆是当时山陕商人的普遍行为。

会馆张扬本土文化，促进了内地优秀传统文化在青海的传播。明清时期的青海作为边关极地，经济、文化发展水平较为落后，山陕商人的贸易活动既为青海汉藏人民带去了先进的经营思想，开辟了本地人民经商谋利的社会风气，也为他们带去了优秀的传统文化。会馆作为流寓客乡商人的同乡组织，其建筑风格本身就是山陕本土文化在客地的物象反映。商人以雄厚的经济实力，极力铺陈和张扬本土文化以寻求精神家园和情感归宿。所以，青海的山陕会馆莫不雄伟恢宏，一般均由山门、戏楼、拜殿、春秋楼组成，是关中四合院在青海的"复制"和"粘贴"，是当地居民娱乐的好去处。"川口没有公共娱乐场所，所以每逢年节演戏……展览会、纪念会都用这处（山陕会馆）戏台"③，使之成为川口唯一的社区文化中心。会馆的庙会和招待客户的行会戏，又促进了秦腔在青海的流播。山陕会馆于每年农历五月十三关公诞辰日

---

① 马德章：《川口山陕会馆》，见中国人民政治协商会议青海省委员会文史资料委员会编：《青海文史资料选辑》（第 16 辑），1987 年，第 152 页。

② 马鹤天：《甘青藏边区考察记》，胡大浚点校，甘肃人民出版社 2003 年版，第 458 页。

③ 马德章：《川口山陕会馆》，见中国人民政治协商会议青海省委员会文史资料委员会编：《青海文史资料选辑》（第 16 辑），1987 年，第 16 页。

唱行会戏，陕西的许多著名秦腔戏班和名角都是在山陕会馆唱红的。行会戏一般唱两天，第一天是踩台戏，第二天是正戏。先演三折，叫"献戏"，是演给神佛看的，故庙会唱戏也叫"娱神"，然后才是唱给商人观看的。演戏中间，会馆要端上一盘面桃蒸馍及一大块熟肉，作为演员的午饭。[①] 这体现了人神共乐的人情味和东方商人特有的幽默。

这里需要特别说明的是，明清时期山陕商人在西宁、湟源等地开设的私人歇家，最初亦带有私人会馆的性质。因为，歇家的"歇"字，即歇伙、歇脚之意，歇家最初是指汉商贸易歇脚中转之地。青海"最早的歇家，本系山陕籍商人"[②]，它是山陕商人为方便贸易而设立的多功能综合性贸易组织。那时山陕商人在青海主要从事茶叶、皮货、布匹等大宗贸易，这些原料货重量大，布动辄千匹，革动辄千张。商人赴边地贸易自然需要有堆放货物和解决食宿的所在，他们"为了争夺市场，扩大贸易，于是各尽所能，占用广阔的地皮，大兴土木，修成一座很大的院落，和能容二百头牦牛的畜圈……，歇家们及时修建自己的住宅，在大院落之内，设有大厨房，安置大锅三口，以备熬茶、炸馍、煮牛羊肉之用"[③]。可见，最初山陕商人创立的歇家，既是堆放货物之地，又是解决食宿之所，还是居间贸易的商业中介组织。这同他们在内地设立会馆作为"居停货物之所"，"使士商行旅无道路之湿"的功能并无二致。所以，山陕商人在青海从事商贸活动初期的"自办歇家"或"客办

① 陈邦彦：《解放前西宁戏剧概况》，见中国人民政治协商会议青海省西宁市委员会文史资料研究委员会编：《西宁文史资料选辑》（第4辑），1986年，第72页。

② 闫成善：《湟源的歇家、洋行、山陕商人和座地户及刁郎子》，见湟源县政协文史组编：《湟源文史资料选辑》（第5辑），1978年，第11页。

③ 蒲涵文：《湟源的"歇家"和"刁郎子"》，见中国人民政治协商会议青海省委员会文史资料委员会编：《青海文史资料选辑》（第8辑），青海人民出版社1981年版，第37—38页。

歇家",无疑具有会馆的雏形,它同山陕商人共同构筑的山陕会馆存在着归属联系。当时在湟源的歇家有 48 处之多。① 只是后来由于经营歇家利厚,许多本地商人因具有地缘优势而插手歇家业务,走上"主办歇家"的道路,山陕商人遂放弃歇家业务,转化为本地歇家服务的对象。山陕商人作为青海歇家的开创者,把自身的商贸活动与青海地区民族贸易相结合,创造性地设立了歇家这一明清会馆史上的新形式,成为青海歇家形成和发展的历史前驱。

第五节　清代山陕商人在新疆的活动及会馆建设

一、　清代陕西商人在新疆的活动概况

进入清代以后,政府为了平定准噶尔部的叛乱、统一新疆,于康熙五十五年(1716)在新疆的哈密、吐鲁番、巴里坤三处实行屯田,开创了在新疆屯田戍边的先河。新疆屯田的形式有军屯、犯屯、民屯等。军屯是以绿营兵丁为屯丁,在新疆的绿营兵丁主要是陕西人。"新疆各处屯防兵,均由陕甘二省绿营兵派往,向例三年更换"。这些陕西屯丁,在屯垦戍边过程中,大部分在新疆安家落户。为了维持生计,他们中有的人开始从事商业活动,加入商人的行列,成为在疆陕西商帮的组成部分。犯屯是强制被发配到新疆的囚犯进行生产的一种形式。乾隆谕旨:"此等发遣人犯,本属去死一间,投畀远

---

① 闫成善:《湟源的歇家、洋行、山陕商人和座地户及刁郎子》,见湟源县政协文史组编:《湟源文史资料选辑》(第 5 辑),1978 年,第 10 页。

方，既不至渐染（内地）民俗，而新疆屯垦方兴，又可力耕自给，实为一举两得。"① 在新疆，犯人屯田后的出路之一是落户边地。因此，许多陕西籍犯人落户边地后，逐渐演化为各行各业的小商小贩，也加入陕西商人的行列。在清军平定准部与大小和卓叛乱后，政府为了恢复经济，在新疆开放商禁，允许内地商人到新疆长途贩运，"凡有贩运货物，往来贸易者，许向该管大臣请给印票，照验放行，须听自便"②。于是内地商人纷至沓来。由于山、陕在地理位置上靠近新疆，因此大批山陕商人随着屯田移民的大潮搬迁家眷、招引乡亲和子弟到垦区应募认垦。当时可谓"鳞鳞小屋似蜂衙，都是新屯遣户家"③。仅乾隆四十三年（1778），乌鲁木齐就有"搬眷到屯商户一千一百三十六户，分别在迪化、阜康、济木萨、昌吉、玛纳斯、呼图壁认垦"。④

晚清时期，左宗棠率军进疆讨伐阿古柏。为了满足军队日用所需，许多陕西商人便随军西征"赶大营"，成群结队出西口。新疆乌鲁木齐商业勃兴，"于是废著鬻财之客联袂接轸，四方之物，并之而会"。自此之后，内地商人纷纷前往新疆各地经商，古城（奇台）"处四塞之地，其东自嘉峪关哈密为一路，秦、陇、湘、鄂、豫、蜀商人多出焉……南北商货悉自此转输，广市之盛，为边塞第一"⑤。这反映了内地商人到新疆经营的盛况。陕甘回民起义失败后，两省回民多定居边陲，他们的后代，有些成为新疆餐饮界著名商人。

这些均说明，随着清政府经略西域，拓展新疆，山陕商人在新疆的势力进一步扩张，其活动"自甘肃省来之孔道于哈密而有所分歧，左沿天山之南

---

① 赵予征：《丝绸之路屯垦研究》（第9卷），新疆人民出版社1996年版，第184、196、198页。
② 《清实录》卷五一三。
③ 齐浩滨编注：《庭州古今诗词选》，新疆人民出版社1994年版，第60页。
④ 赵予征：《丝绸之路屯垦研究》（第9卷），新疆人民出版社1996年版，第203、202页。
⑤ 袁澍：《新疆会馆探幽》，载《西域研究》2001年第1期。

麓，迄西经吐鲁番、喀剌沙尔、库车、阿克苏折而南到叶儿羌为南路；右越天山到巴里坤，沿北麓而西过省城乌鲁木齐，自精河越塔尔奇为北路"①，最终形成以哈密为中心，对新疆北路贸易垄断经营 300 年之久的繁盛局面。赴疆的山陕商人与新疆各族人民结成良好的贸易联系，经营范围涉及社会生活的各个领域，主要的行业有国药业、典当业、交通运输业、第三产业（主要是娱乐业和餐饮业）。尤其在第三产业方面，山陕商帮长期居于领头羊的地位，并形成许多著名商业家族和商业字号，如贾家的老虎馆子、马家的忠义庄等。

二、 清代新疆的山陕会馆及其影响

清代山陕商人的足迹遍布天山南北的各个主要城镇，为了推进事业，新疆各地都建有山陕会馆。

山陕商人在新疆各地建造的会馆，要数在乌鲁木齐和奇台的会馆最为典型。乌鲁木齐的晋陕会馆，遗址在今乌鲁木齐市大西门外妇联幼儿园一带。会馆周围都是菜园，大部分是馆产，占地面积广阔，庙宇宏伟，古树参天，十分幽静。会馆楹联刻有：

设馆以叙乡情，芳草天涯，不越归心之念；
集会如回故里，桃源塞上，同联聚首之欢。

会馆供奉武圣关帝君，俗称关帝庙，每年农历五月十三过会、酬神、演

① 《（民国）新疆地理志》卷三。

戏三天。关帝庙楹联是：

史家拟议日矜误矣，视孙曹诸人，原如无物；

后世称尊以帝敢乎，论春秋大义，还是称臣。

1917 年山陕两帮分离，由陕西富商在东大街（今中山东路）另建陕西会馆。当时的陕西会馆是一座建筑华丽的庙宇，进门便是高大的戏台，两侧有配殿和厢房，正中是大殿，雕梁画栋，建筑宏伟，堪称新疆会馆之首。陕西会馆，供奉周文王、周武王、周公。庙产甚丰，每年照例农历二月初二酬神、演戏，并与同乡会餐，表演秦腔、社火，深受欢迎。

新疆奇台的陕西会馆位于县城东大街中段路南，前门临街，后门通文庙后巷。会馆的大门是砖木结构，门顶砖刻的"陕西会馆"四个大字，雄浑有力。大门内 30 多米处是坐北面南的戏台，台前是宽阔平展的看场。二进院与看场之间有砖砌花墙门楼，两侧是砖砌的月形门，院里东西两侧各有三间厢房，屋檐前有木栅栏围成的花池。夏日，满院馨香，清新幽静。沿砖铺地可直通大殿。大殿坐落在 1 米多高的砖台之上。殿前左钟右鼓，每当焚香拜神，必鸣钟击鼓，大殿供奉的是文、武、成、康诸王。陕西同乡每逢会季，必来祈祷平安和财运亨通。

新疆位于西北边陲，又是多民族聚居地区，当地的山陕会馆虽然产生较晚，但它对新疆的作用和历史影响却远远超过其他地区，尤其是在传播内地传统文化方面。新疆山陕会馆的文化传播功能主要表现在以下几个方面。

一是对新疆口音的影响。新疆本地的居民是由以维吾尔族为主的 13 个少数民族组成的，他们大都有本民族的语言。在新疆的汉族移民中，陕西、甘肃、青海、宁夏移民最多。自清朝至今，新疆的各族人民共同生活在一起，团结互助，形成了民族大融合的景象。新疆的少数民族基本上都能说汉语，尤其是北疆少数民族的汉语说得十分流利。新疆的汉族同胞在和少数民族频繁的接触中，自己家乡的口音也有所改变。汉族和少数民族互相影响着对方的原有乡音，经过百年的融合，终于形成了富有移民特色的新疆口音。新疆的口音是陕、甘、青、宁方言与新疆本地少数民族语音的有机混合，形成了独特的多方言糅合性新疆口音。这就是可以从普遍的新疆地方话（汉语）中，寻觅到陕、甘、青、宁的语音踪迹的原因。

二是对新疆饮食习惯的影响。新疆人喜欢吃面食，口味一般偏重，与山陕人如出一辙。无论是新疆人还是山陕人，要是一天不吃上一顿面，可能一天都会无精打采，总觉得肚子里欠点什么。新疆人和山陕人大都不喜欢吃清淡的食物，都喜好麻、辣、鲜香以及盐味较重的口感。

三是对新疆民间艺术的影响。新疆本地的小曲子戏形成于清末，当时，陕、甘、宁、青的小商小贩和移民手工业者，常于冬闲和传统节日聚集在街头巷尾吹拉弹唱。久而久之，融合了西北四省的戏曲、歌谣、回族花儿的表演技巧和风格特色的新疆小曲子戏形成了。小曲子戏主要有四大曲调：陕西的郿鄠弦（俗称"越调"）、青海的平弦（俗称"平调"）、兰州的鼓子（俗称"鼓调"）、敦煌的佛腔（俗称"佛调"），演唱中以陕西越调为主，其特点是唱腔高亢明快、朗朗上口、耐人回味。

综上所述，山陕商人入疆及其会馆建设有力促进了新疆社会经济的发展，加强了新疆与内地的经济联系，并且把内地的先进文化传播到新疆，新疆的会馆建设成为新疆多元混合文化的重要组成部分。

第三章

明清时期山陕商人在各地的活动及会馆建设 （二）

第一节　明清时期山陕商人在四川的会馆建设

一、　明清时期山陕商人在四川的活动概况

　　山陕商人赴四川经商起源很早，宋代就有很多陕西商人在四川做生意。《宋会要辑稿》卷五五《食货》载，北宋时"陕西客人兴贩解盐入川，却卖川茶于陕西州军，货卖往返，获利最厚"。进入明清，政府实行招民入川垦殖政策，陕西与四川地界相连，陕西人是政府移民入川的主要人群。明代以来，"秦民填蜀"的移民运动连绵不绝，陕西商民"挈其妻子，随带驴骡，数十成群"① 入川垦殖，其足迹遍布川北各地，如"阆中毗连陕西，故陕人为多"②，达县"土著绝少，而占籍者率多陕西"③，三台"隶版籍者为秦为楚"④，就连清初的成都"茅舍寥寥，询其居民，大都秦人矣"⑤。

　　清初为恢复川盐生产，政府实行"招商引领，计口授值"的食盐产销政策，为陕西商人"弃淮入川"、挤入川省贸易领域提供了难得的机遇。大量山

---

① 《康熙朝朱批奏折汇编》第 8 册。
② 《阆中县志》卷三。
③ 《达县县志》卷九。
④ 《三台县志》卷四。
⑤ 〔清〕王法：《蜀游纪略》卷一。

陕商人携资入川，开拓商贸经营的新天地。他们头戴瓜皮帽，肩背钱褡子，在川省到处创业，着实在川省大地上刮起过一场商品经济的山陕风。夔州，"聚集陕西商人万余名"①；遂宁，"前清当商……资本为最雄厚，然皆陕西人也"②；綦江，"山陕之客云集"③；荣昌，"山陕直隶各省客商，每岁必来荣采买"④；隆昌，"山陕等省往来隆兴贩获利"⑤；正因如此，"川省正经字号多属陕客"⑥。特别是乾嘉年间，山陕商人招商承引，挤入川盐产销，成为自流井盐业的主要开发者，"川盐投资秦人占十之七八，川人占十之二三"⑦。咸丰年间，"清政府便推行'川盐济楚'政策，陕商的盐业投资进入了极盛时期。这样犍乐盐场、富荣盐场等皆为陕西盐商所控制，在经济上具有相当的实力"⑧。

流寓川省贸易经商的山陕商人，为了联乡谊、敬神庥、议商事、保商情，在四川各地投资设立山陕会馆，四川成为山陕商人设立会馆最多的省份之一。而且陕西商人在四川一反他们在其他地区多与山西商人联合设立山陕会馆的传统做法，大多独资兴建陕西会馆，合省会馆仅有少量。正如清代《成都竹枝词》记录的，"会馆最多数陕西，秦腔梆子响高低"⑨。

---

① 《（康熙）咸宁县志》卷五。
② 《（民国）遂宁县志》卷五。
③ 《（民国）綦江县志》卷一〇。
④ 《（同治）荣经县志》卷一六。
⑤ 《（咸丰）隆昌县志》卷三八。
⑥ 张肖梅：《四川经济参考资料》，北京全国图书馆文献缩微复制中心 2002 年版。
⑦ 《（光绪）四川盐法志》卷首"圣喻"。
⑧ 田培栋：《陕西社会经济史》，三秦出版社 2016 年版，第 7—8 页。
⑨ 雷梦水、潘超、孙忠铨等编：《中华竹枝词》（5），北京古籍出版社 1997 年版，第 3198 页。

二、 明清时期四川陕西会馆的设立是客商边缘化的产物

明清时期陕西商人在四川设立会馆，本身是客商边缘化的产物。这是因为：

首先，陕西人到四川做生意，是异地求财，他们是以流寓，即外来户的身份占籍或寄籍客地，对本地人来讲他们是客人而非主人。明清四川的地方志对此有明确记载，《彭山县志》指出"商人多客籍"，《广安州志》更认定"商贾通曰客人"①，一个"通曰客人"，客客气气地把流寓川省的商人定位在客商的边缘化地位，这是中国人"必先正名乎"的传统身份认定在会馆建设上的反映。这种身份认定使旅蜀客商时刻牢记自己即客非主的社会存在，生出对流寓社会的敬畏和生疏感，不得不通过建立会馆以"坚团结而通情愫"②，"使寄寓异地者均不致有孤零之叹"③，会馆的管理制度使土客界限分明，不致僭越。

其次，流寓川省的外地商人必然与本地、其他外籍商人存在利益上的冲突。本地商人凭借天时、地利、人和的资源优势，排挤、限制外地商人，将他们固定在边缘化的地位，使其很难融入当地的主流社会。四川《荣县县志》卷一载："秦、楚、闽、粤之人，人心不谐，党类攸分，生气斗讼往往有之。"《潼川府志》卷一载："大抵秦楚之人多剽悍，闽粤之人多诡谲亦博蹋蹻之风，雀角鼠牙之事，往往有之。"这种主客矛盾有时难以调和，甚至惊动了皇帝。

① 丁世良、赵放主编：《中国地方志民俗资料汇编》（西南卷），书目文献出版社 1991 年版，第 185、311 页。
② 《（民国）灌县志》卷一六。
③ 《（民国）宣汉县志》卷三。

康熙五十二年（1713）上谕中就说："湖广、陕西人多地少，故百姓皆往四川开垦……湖广入川之人，每每与四川人争讼，所以四川人深怨湖广之人。"①在这种利益矛盾的驱使下，本地商人常常限制、阻挠外帮商人的活动，使他们在客地的商贸经营难以顺利展开。康熙二年（1663），寓居成都的陕西商人出资兴建陕西会馆时，由于地势低洼，当地人不许就地取土，陕商无奈，只得"返回故乡，背来泥土，填平凹地，修筑会馆"②。康熙三十四年（1695），当四川自流井区的陕西商人修建陕西会馆时，"本地商人耿耿于怀，斥资修王爷庙，并在高度上、地势上压倒西秦会馆，以图破其风水"③。这种土客之间的矛盾，使得流寓客地的同籍商民，不得不通过修建会馆来增强自己在客地的生存能力和竞争能力。《西昌县志》卷六云，各地会馆是"来自江南北、粤东西、山左右者之团聚精神所表现也"。

再次，外地客商流寓川省，久羁逆旅。在本地人眼中，他们完全是另类，是不同于本土文化的异乡人。这种深层次的文化隔膜，使客商很难立即融入当地社会，从行为方式和心理机制上产生对当地主流文化的抵触和防范。明清时期，四川陕西会馆与当地主流文化不同的另类性表现得十分突出。清代《锦城竹枝词》中记述在成都的陕西人居住的街区是"傍陕西街回子窠，中间水达满城河。三交界处音尤杂，京话秦腔'默德那'"；记述陕西商人做生意是"核桃柿饼与花椒，文县人来赴岁朝，叫喊闻声知老陕，几回争价不相饶"；记述陕西商人建立的会馆与别省不同，"秦人会馆铁旗杆，福建山西少

---

① 《清圣祖实录》卷二五六。
② 王文才：《成都城坊考》，巴蜀书社1986年版，第66页。
③ 钟长永：《中国自贡盐》，四川人民出版社1993年版，第170页。

这般"；连陕西会馆唱戏都与别省有区别，"戏班最怕陕西馆，纸爆三声要出台"。① 这里把与蜀地文化不同的陕西文化描绘得淋漓尽致。这些都说明，明清时期在四川设立的工商会馆，是客帮商人被边缘化的产物，是客帮商人出于本能的自我保护。

二、 明清时期四川陕西会馆的发展是客帮主体化的结果

明清时期，旅蜀客商在四川聚集并建立会馆，成为川省"一切变革的起点"②。因为当他们在客地站稳脚跟后，自然不会满足处于边缘化的地位，随着经济实力的增强，会逐渐将触角向当地主流社会延伸，并逐步与当地主流文化融合，形成客商的本土化过程，工商会馆的性质随之发生深刻变化。明清时期四川陕西会馆的发展，典型地表现了这一历史过程。

第一，旅蜀商帮经济实力的增强是客帮逐渐主体化的物质基础。清初，四川商品经济发展水平比较低下，自然经济色彩浓厚，"川人不谙行盐"，"鲜有自行配运者"③。包括陕商在内的其他商帮，抓住这一市场机遇，商贸活动在川省各地获得长足发展。如"四川省之典当业，在前清时，颇称发达，当时，董斯业者，大都系陕西帮，组织严密，办事认真，加之当时人民朴素，十当九赎，不愿死当，故每年皆有盈余"④；崇庆"商贸旧多江、浙、闽、广、山、陕各省为之"⑤；在南充，"闽、粤、吴、秦各省大商帮携重资云集

① 雷梦水、潘超、孙忠铨等编：《中华竹枝词》（5），北京古籍出版社 1997 年版，第 3183、3201—3202、3178、3451 页。
② 《（民国）重修什邡县志》卷七。
③ 《四川盐政史》卷五。
④ 张肖梅：《四川经济参考资料》，北京全国图书馆文献缩微复制中心 2002 年版。
⑤ 《（光绪）崇庆州志》卷二。

郡城，仰食者甚众"①；在犍为，"当铺逊清时代城内及牛华溪两处有陕商两家，资本雄厚，除典当外，兼营借放，商场颇形活动"②；在荣经，"陕帮商人在自流井牛氏巷（今安全巷）开设了第一家当铺，获利很大。本地、荣县、威远的富商大贾及地主老财，看到眼红"③。客帮经济实力的增长，充分展现了自己的风采，又带动了当地经济的活跃。当地居民对他们刮目相看，开始对他们产生某些羡慕和认同，自此，客帮迈开了从边缘向主体转化的最初步伐。

第二，旅蜀客帮及其会馆打破地域畛畔、籍贯之别，实行滚动式联合，开门办馆，为客帮融入当地主流社会开辟了道路。拿陕帮商人及其会馆来说，他们最初冲破乡缘关系的封闭性，与陇商、晋商联合办馆，整合北方商人在川省的力量，其标志就是道光二十七年（1847）在成都设立陕甘公所和在灌县、西昌、温江、康定、宜阳等地设立山陕会馆或秦晋会馆。此后他们在更广大的范围内实行跨省联合，整合川省流寓的南北商人力量。如万源县有包括陕西会馆在内的三省会馆④；重庆有包括广东、浙江、福建、湖广、江西、江南、山西、陕西会馆在内的八省会馆⑤；灌县"有秦晋馆、福建馆，后来总称为'七省会馆'"，七省会馆实行统一管理、统一领导，"旧以客长轮总之，享荐各有其时焉"，而且各地"会馆大率类是"⑥。这种会馆的跨省联合，反

---

① 《南充县志》卷七。
② 《（民国）犍为县志》卷十。
③ 欧阳樾牟、彭惠中、王柔德整理：《自贡地方的典当业》，见中国人民政治协商会议四川省自贡市委员会文史资料研究委员会编：《自贡市文史资料选辑》（第13辑），1983年，第147页。
④ 《（民国）万源县志》卷二。
⑤ 王日根：《乡土之链——明清会馆与社会变迁》，天津人民出版社1996年版，第209页。
⑥ 《（民国）灌县志》卷一六。

映了会馆性质的深刻变化，包含着不断增长的现代化因素。会馆的跨省联合，说明会馆已开始冲破地缘乡土性行帮组织的性质，朝着业缘性商业联合组织方向发展，成为封建行政统治体系之外的商人自治团体和民间管理组织。《灌县志》卷一六记载了这种变化："客籍人怀故土而会馆以兴，彼各祀其人之闻之，使有统摄，予以坚团结而通情愫，亦人群之组织也。"

第三，旅蜀客帮会馆的跨省联合必然使客帮商人与本地居民之间逐渐融合。工商会馆的跨省联合，使会馆从乡缘组织开始转变为业缘组织，会馆的乡土性松弛，从封闭走向开放，与当地居民交流更多，增强了当地居民对客帮商人的整体认同，其最终融入当地主流社会，成为当地主流文化的一个组成部分，从而完成客帮的本土化。这种融合在川省表现为以下几个方面：

一是当地居民和官府对会馆活动的整体认同。会馆打开山门，对外开放，实行与外省商人的联合，势必会对当地居民产生影响，使他们放松对客帮及其会馆的戒备心态，逐步参与客帮会馆的活动。对此，梓潼县山陕会馆《文昌行祠募化工峻碑记》有十分珍贵的记载："文昌敷化之区治南，旧有牛石堡，地通蜀秦，客商络绎，居民百余户，秦人较多。自嘉庆丙寅创修正殿，中供关圣帝君，约贯千金，名曰陕西会馆，美哉始基之矣。道光戊戌之岁复建拜殿及两厢房，石坎台阶口益其阔，青蚨三千余缗，毕出于刘义成号……秦人之乐善也。自时厥后，本邑居民慕乐善之风，勇跃奋兴，同口善举，或塑神像或立山门，或置舞榭勒石纪事，计费又一千有者。"① 这里的"本邑居民慕乐善之风"，充分说明当地居民对客帮商人及其会馆的认同，表明会馆已经冲破乡土行会的狭隘性质，成为土客共建活动的场所。有趣的是，这种土客融合，连自然界都为之动容，双流县城陕西会馆内"有古树一株，与彭姓

———————————

① 《（咸丰）梓潼县志》卷三。

宅古树一株枝叶相连，高十余丈，庇荫"①，成为中国会馆史上的一段佳话。

民众对客籍会馆的认同，推动了当地官府态度的转变，官府的许多地方事务亦允许会馆参与。道咸时期，在犍为县，"各场承办地方事务，有五省客长之目"②，若没有会馆参加，许多事情便举办不成。在重庆，官府在采取任何一项与该商埠商业有关的措施前，均得征求八省会馆的同意。③ 后来八省会馆成立联合办事处，"几乎取代了官府的全部行政管理权"，连"地方防御之责"也承担了。④

二是会馆事务的联合，推动了土客之间在文化层面的深层次融合。许多客商在川省经营多年，开始与当地居民互通婚姻，清代《锦城竹枝词》就记述当时的成都已经是土客混杂："大姨嫁陕二姨苏，大嫂江西二嫂湖。戚友初逢问原籍，现无十世老成都。"⑤《双流县志》卷一记载："陕服贾于此，以长子孙，今皆土著矣。"《合江县志》同样记载了秦楚寄籍者，饮食日用与当地人"大部相似"⑥。许多客商连乡音都改变了，《安县志》卷五六载："前清时县属居民皆由各省客民占籍，声音多从其本俗，有所谓广东腔者，有所谓陕西腔者，湖广宝庆腔者，永州腔者，声音多浊。近数十年来交通便利，声音皆入于清。"与之相联系的是，由于会馆经常唱戏酬神，"戏剧旧俗皆演于各会馆"，各地戏曲互相交流。陕西的秦腔在川省流播很广，清代的天全县闹元

① 《（民国）双流县志》卷一。

② 《（民国）犍为县志》卷一一。

③ 张仲礼、熊月之、沈祖炜：《长江沿江城市与中国近现代化》，上海人民出版社 2002年版，第 503 页。

④ 施坚雅主编：《中华帝国晚期的城市》，叶光庭等译，中华书局 2000 年版，第 652 页。

⑤ 雷梦水、潘超、孙忠铨等编：《中华竹枝词》（第 5 册），北京古籍出版社 1997 年版，第 3451 页。

⑥ 丁世良、赵放主编：《中国地方志民俗资料汇编》（西南卷），书目文献出版社 1991 年版，第 157 页。

宵已是"秦腔迭唱闻三弦，荡桨人来望欲仙"，锦州社戏"一派秦声混不断，有时低去说吹腔"[1]，以至于川人黄炎培认为："川剧的音调同秦腔同是急激而高亢，其中怕有相联的关系。"[2]

这种文化层面深层次的土客融合，使会馆发生蜕变——冲破地域乡缘关系的狭隘行会性质，成为土客共建活动的场所——从而标志着客帮边缘主体化过程的完成。《（民国）犍为县志》卷七曰："治城所属场镇亦多建有各省会馆，顾各省籍虽异，而无种界上之分歧，用能各安于无事，以生以息，相助相友，县境遂成东土彬彬然。"

第二节　明清时期山陕商人在河南的会馆建设

一、　明清时期山陕商人在河南的活动及其会馆建设

明清时期，河南是山陕商人从事商贸活动和投资的主要市场。原因主要有以下几点。

第一，豫、陕、晋三省地理毗连，在经济上有很强的互补性。明清之际，人口急剧增长，各地各具特色的经济均有所发展。豫、陕、晋三省各自的特色经济使彼此之间的联系非常紧密。山西所产的潞丝、铁器、煤炭主要销往

---

[1] 雷梦水、潘超、孙忠铨等编：《中华竹枝词》（5），北京古籍出版社1997年版，第3499页。

[2] 黄炎培：《蜀道》，上海开明书店1936年版，第27页。

河南，陕西所产的木材、药材、水烟、皮货也顺渭河而下贩运至河南。而河南作为中原的产粮大省，可以接济山西和陕西。明清时期，河南由于产粮甚丰，人们将余粮转化为酒曲而大量贩运到陕西和山西。据史料载，河南"每年二麦登场后，富商巨贾在水陆码头、有名镇集广收麦石，开坊踩曲，耗麦奚啻数千万石"①。河南巡抚胡宝泉报告，康熙二十五年（1686），仅10个月从河南运往山西和陕西的粮食就有231万6千石以上。在丹江水运没有兴起以前，河南是山陕商人经营中西部贸易的必经之地。明代洪武年间在山西和陕西实行"食盐开中""盐布开中""茶马交易"以来，山陕商人主要从事江南和塞北之间的盐、布和茶叶贸易。清代乾隆年间，沿汉江而上的丹江水运由于巨石阻隔未被开发，山陕商人从江南贩运棉布、茶叶经大运河到临清，然后入黄河水运到开封的王家楼、孙家湾起旱，再用骡马经郑州、洛阳、陕州的东官道驮运到陕西。徽商黄汴所写的《天下一统路程图记》载："陕西、河南二省，大同、宁夏等边，苏杭客货，皆由南北二河而上至汴城王家楼或孙家湾起车至陕西者。"② 因此，山陕商人的足迹踏遍了中原各地。

第二，明清之际，河南是人口大省，其民不善贸易，有巨大的市场潜力。河南居天下之中，人口众多，地理位置优越，是商业活动的理想场所。但其民不善从事商贸活动。如《汲县志》卷六《食货》所言："其民货殖者多列市居货以待贸易，鲜出外行商。"嵩县"邑人率务农力穑，无远服贾者"③，灵宝士民"若令其营商作宦，则群视为畏途，盖有视离乡为莫大之苦，视宦商如登天之难，是以中人之家有三五十辈足迹不出一村者"④。这便给山陕商

① 〔清〕尹会一：《尹少宰奏议》卷二。
② 〔明〕黄汴：《天下一统路程图记》卷五，明隆庆四年（1570）刻本。
③ 《（乾隆）嵩县志》卷九《风俗》。
④ 《（民国）灵宝县志》卷二《人民》。

人提供了极其有利的经营市场和投资空间，他们将河南作为经营的主要区域和市场，"盖以秦晋之氓聚居贸易，乘乡民缓急称贷而垄断取盈"①，河南各地市场"水陆之冲，商贾辐辏，而山陕之人为多"②。

在明代，由于北方棉纺织业在技术上无法解决气候干燥、断头颇多的困难，棉纺织品的生产主要在江南，呈现出"北棉南运，南布北来"的商品流向。进入清代，河南和湖北诸省发明了"挖掘地窖，以利纺织"的新技术，棉纺织业在河南和湖北农村迅速兴起。山陕商人为了节省运输费用和成本，开始放弃江南市场，转而投资河南和湖北市场。正如方行分析的那样："乾隆间，河南、湖北地区棉布生产发展，陕甘商人转向这一地区买布，而减少向江南进货，为的是节省运输费用。"③ 山陕商人在河南和湖北扶植当地棉纺织业时颇费苦心，"将土布尺寸长短宽窄及每匹轻重拟一标准，在各乡贴广告，俾众周知，以便照样仿作，久之一般贫民能照样制布，并能努力求精，因是出品良好，销路渐广，乃能维持至今而不敝"④。

所有这一切，使得河南成为明清山陕商人从事经贸活动的主要区域和投资市场，山陕商人的足迹遍布了豫中、豫南和豫北的各个角落，中原大地上刮起了一场商品经济的"山陕风"。在河南睢阳，"布帛盐差诸利，率皆秦晋徽苏之侨寓兹邑者，辐辏于市"⑤。在涉县，"西人善贾……苏杭关东之货无所不至"⑥。在孟县，孟布驰名，"陕甘以至边墙一带，远商云集，每日城镇

① 《（乾隆）唐河县志》卷一《风俗》。
② 《（光绪）南阳县志》卷二。
③ 方行：《论清代前期棉纺织业的社会分工》，载《中国经济史研究》1987年第1期。
④ 潘益民：《兰州之工商业与金融》，商务印书馆1936年版，第57页。
⑤ 《睢阳县志》卷一〇《风俗》。
⑥ 《（嘉庆）涉县志》卷一〇《疆域》。

市集收布特多，车马辐辏，廛市填咽"①。在孟津，"秦陇巨商中岁作贩"②。在豫北正阳，"山陕两省，商贩极多"③。在南阳，"西安、西北几省以及四川地方的客商，有的长期在南阳、镇平、唐河县扎庄大量收购土棉布"④。舞阳的"坐地贸易，如花、布、煤、粮各行户……全系西商"⑤。嵩县"商贾多山陕河北人"⑥。在豫中许昌，"秦晋京津各地之富商大贾，辇金而来，捆载而去"⑦。

　　山陕商人在河南的经贸活动顺利展开，掌握了河南商品贸易的主动权，当地人民惊呼："银钱全被他们赚去了，土地全被他们买去了。"⑧ 明清的山陕商人为了联络乡谊，推广商贸事业，在流寓和经商各地集资修建会馆。河南上蔡的山陕会馆是目前所知山陕商人最早在外地商埠修建的联省会馆。"山、陕会馆位于上蔡县城内西南部……据1951年土地房产证第1352号'登记单'载，该会馆共有面积七亩七分八厘五毫。另据考证，该会馆建于明朝嘉靖年间……建会馆的目的是，维护在蔡的山、陕商人的财富和利益，防止外人欺凌，使死有所葬，生有所聚。"⑨ 河南伊川山陕会馆也是山陕商人在河南建造的较早的联省会馆，"伊川在洛阳南，明万历年间，山陕商人就聚集此

① 《（乾隆）孟县志》卷四《物产》。
② 《（嘉庆）孟津县志》卷四。
③ 《正阳县志·实业志》。
④ 罗余三：《南阳民间土棉布》，见中国人民政治协商会议河南省南阳市委员会文史资料研究委员会编：《南阳文史资料》（第5辑），1989年，第113页。
⑤ 《（道光）舞阳县志》卷六《风土》。
⑥ 《（光绪）嵩县志》卷九《风俗》。
⑦ 《许昌县志》卷八。
⑧ 《（道光）舞阳县志》卷六《风土》。
⑨ 李清晶、赵继昌：《山陕会馆建筑结构》，见中国人民政治协商会议河南省上蔡县委员会文史资料研究委员会编：《上蔡文史资料》（第2辑），1989年，第72页。

地，在白元镇修建了山陕会馆称山陕庙，并在馆内兴建了戏楼"①。从那时起到清末民初的数百年间，山陕商人在河南建造会馆的活动始终没有停息过，河南成为山陕商人建造会馆最密集的地区。这也从一个方面反映了当时山陕商人在河南开展经贸活动的盛况。据掌握的材料，明清之际，山陕商人在河南建造的会馆一共有 53 所，分布在中原大地通商大邑到穷乡僻壤的各个角落。分布的具体情况见本书附录 1。

二、 明清时期河南山陕会馆的特点及其商业文化

明清山陕商人在河南的经贸活动，对于促进中原人民思想观念的转变、加强区域文化交流起到了推动作用。河南作为中部大省，自然经济的根基比较雄厚，当地人一般不愿意背井离乡从事商贸活动。山陕商人在河南的商贸经营活动，为中原人民带去了商品经济的新风，使其看到从事商贸活动的致富作用，遂逐渐仿效。正如《歧路灯》中主人翁之一的盛希侨说的那样：省城做生意的，都为山、陕、江、浙所开，他们背井离乡，还不是为着金钱上的紧要。于是他也从山陕庙的山陕社贷款 1000 两银子，开始和别人合伙做生意。② 河南涉县人民不善商贸，后来在山陕商人的刺激和带动下，"逐渐仿效，从事小商贸易"③。舞阳在山陕商人的刺激下，"坐地贸易如花、布、煤、粮各行户，尚有本境人充当"④，走上经商贸易的道路。

明清山陕商人在河南建造会馆，一方面是为了维护商人的利益，另一方

---

① 刘文峰：《山陕商人与梆子戏》，文化艺术出版社 1996 年版，第 249 页。
② 〔清〕李绿园：《歧路灯》，华夏出版社 1995 年版，第 447 页。
③ 《（道光）涉县志》卷二《风俗》。
④ 《（道光）舞阳县志》卷二《风俗》。

面也有在客地张扬本土文化的目的。河南山陕会馆的建造基本上是按照山陕民居四合院的风貌，一般都由牌楼、山门、钟鼓楼、戏台、正殿、偏殿和春秋楼组成，连正殿的瓦都是绿色的，因为关公是山西人，喜欢穿绿袍，这些瓦是从山西盛产琉璃瓦的安邑县搬运而来的。河南社旗山陕会馆悬鉴楼上黄绿相间琉璃方心，就是仿照陕西岐山建于隋唐年间的周公庙的菱形方心建造而成的，寓意做生意"既和且平"，做人堂堂正正。

河南各地的山陕会馆在建筑风格上有一个显著的特点，就是会馆门前有一对铁旗杆，因而山陕会馆在河南通常被称为"铁旗杆庙"。如河南社旗山陕会馆门前有一对铁旗杆，重 5 万余斤；河南唐河源潭镇陕西会馆门前的一对铁旗杆，高 17.5 米；河南潢川陕西会馆门前有铁旗杆一对，故该会馆又被称为"三义观铁旗杆会馆"。这是因为明清时期陕西秦巴山内的冶铁业在全国长期独树一帜，而陕西渭南、朝邑又聚集了大量铸造铁器的能工巧匠，基本上都是祖孙几代人传承技艺。山陕会馆门前的铁旗杆充分展现了陕西作为全国冶铁中心的优越地位和精湛的铁器铸造技艺，特别是铁旗杆上的钱形方斗向世人昭示了山陕商人追求财富的价值取向和钢铁意志。这在重农轻商的封建社会风气下，是大胆的举动。

另外，河南山陕会馆戏楼之高大在全国是罕见的。河南山陕会馆一般都会举办会馆戏。关公诞辰要演戏，过年过节要演戏，商店、钱铺赚钱要演戏，会馆成员违规要演戏，这使山陕庙戏成为明清河南社区文化活动的重要内容。一般的会馆神庙戏楼，台面宽度为 8 米左右，唯独河南山陕会馆戏楼很多超过 10 米。洛阳潞泽会馆戏楼高 17 米，台宽 16.4 米；河南社旗山陕会馆的戏楼高 30 米，宽 17 米。这样大规模的戏楼，除北京皇宫和颐和园戏楼之外，莫有能比之者。戏台上演的戏大多是富有浓郁山陕风貌的秦腔、山西梆子。如阳原县山陕会馆庙会"所演之腔，乃山西北路梆子，与蒲陕大调大同小异，偶演秦腔，声悲音锐"①。这就促使了秦腔和晋戏在河南的流传，并在与豫剧的交流中互相辉映，加强了明清之际的区域文化交流，使中华文化在相互交融中源远流长。

河南是明清商人从事商贸活动及会馆建设的主要区域之一，因此成为中国民间商会文化的祖脉之地。乾嘉年间，全国有16个省的商人在社旗经商，商界竞争非常激烈。各地客商为加强同乡联谊，发展贸易，占领市场，持久经营，相继合资成立了许多同乡会。同乡会利用传统的地域观念，通过会馆这一组织形式，把商埠中的同乡之人联合起来，互相支持，互相帮助，一致与异域商人进行竞争。明清之际，在河南的山陕商贾较多，便成立了鼎元社，于乾隆二十一年（1756）率先兴建山陕同乡会馆。此后各地商人为树立本籍的商业形象，相互攀比，纷纷兴建会馆。作为社旗商业行会代表的山陕会馆在基本职能、组织形式、道德信仰、与国家政权的关系、经济活动等方面形成了自己的特征，已经完全具备了中国民间商会的雏形。山陕会馆内保存完好的由过载行制定的《同行商贾公议戥秤定规概碑》刻立于雍正二年，因此，社旗山陕会馆是中国民间商会历史源头的文物遗存，是当之无愧的祖脉之地。

河南社旗山陕会馆还是重义守信之典范，树立了诚信为本的核心商业文化和内涵丰富的品牌文化。山陕会馆是商业文化与建筑艺术完美结合的瑰宝，其建筑造型、布局以及木刻、石雕、彩绘、刺绣等装饰图案艺术精湛，不仅渲染了吉祥和神圣的气氛，而且突出地体现了崇商意识和诚信为本的商业信条。这种隐喻在装饰图案中的诚信道德教化在会馆中比比皆是，表现了从神仙到皇帝，从英雄到良相，无不尊奉诚信的这一道德准则。这种道德教化虽然带有浓厚的迷信色彩，但在当时对倡导诚信为本的传统道德观念及商人的

---

① 《（民国）阳原县志》卷一八。

自律起到了极其重要的作用。在诚信为本和义利相通观的影响下，先义后利、以义制利、见利思义成为当时商人经营的哲学基础和精神价值观的核心。

当然，明清之际，山陕商人在河南的经贸活动、会馆修建又与当时当地民众的开放意识有关。他们欢迎山陕商人经商和投资，如偃师县的商贸"仰给于他境商贾贩运以济"①，林县地方官和士商多次专门到山西和陕西请药商到河南传授药材种植技术。这无疑为当时山陕商人在河南的经商活动提供了有利的社会环境。

第三节　明清时期山陕商人在湖北的会馆建设

一、　明清时期山陕商人在湖北的商贸活动及其会馆建设

湖北与陕西毗连，是山陕商人从事商贸活动和投资的主要区域。形成这种历史现象的原因是多方面的。

第一，明清以来，人口区域移动。明初，为了复苏元末农民战争给湖北荆襄一带带来的经济创伤，政府实行移民政策，将陕西和山西的百姓大量迁徙到荆襄地区，形成有名的"山陕填荆襄"的移民运动。据《明英宗实录》卷一六记载："湖北均州、光化等地，居民鲜少，郊野荒芜，各处商客有自洪武、永乐间潜居于此，娶妻生子成家立业者。"湖北的竹溪、郧阳、房县、均州、襄阳一带多山陕之民。《郧阳县志·风俗》的记载很典型，说郧阳是"民

---

① 《（乾隆）偃师县志》卷五《风俗》。

多秦音，俗尚楚歌，务农少学，流寓杂处……陕西之民四，江西之民三，山东、河南之民一，土著之民二"。襄阳谷城也是"民多秦音，其俗朴"①。竹山"邑中附籍者秦人而外，武昌、黄州、江西人为多，皆各有会馆"②。入清以后，特别是雍正四年（1726）实行"放垦秦巴"政策，大量湖北、广东客民移居流寓秦巴山中，使得陕西兴安、商州多湖广之人，"江广黔楚川陕之无业者，侨寓其中，以数百万计"③，又形成历史上有名的"湖广填陕西"移民潮。这两次大的移民运动，使得秦鄂两省人民互相杂居，经济和文化往来日益密切，为山陕商人在湖北从事商贸活动奠定了人文历史基础。

第二，明末清初以来丹江水运的开发，使湖北成为山陕商人活动的主要孔道。明代以前，丹江水运由于竹林关月儿潭一带有巨石阻隔，尚不具有经济意义。那时山陕商人到江南经商主要走潼关至开封的东官道，然后入运河水运。明代，为了节省费用，强化西北与作为南北商业总汇的汉口之间的经济联系，政府加强了对丹江水运的整治。《徐霞客游记》卷一指出："龙驹寨，寨东去武关九十里，西向商州，即陕省间道，马骡商货不让潼关道中。"一个"不让潼关道中"说明明末丹江水运已具有经济上的意义。入清以后，对河道的整治更使得丹江成为联系陕西与江南的黄金水道。乾隆年间，商州知府许维汉重点疏通龙驹寨到竹林关航道，疏通险滩29处，特别是排除了月儿潭的巨石阻隔，使丹江通畅，丹江水运遂成为连接湖北和陕西的主要商道。"襄阳由汉江溯流而上，虽路经二千里而可以大船装载，需用水脚无多。"④ 其商务

① 《（光绪）襄阳府志》卷四。
② 《（同治）竹山县志》卷一《风俗》。
③ 《东北续录》卷二。
④ 〔清〕严如煜：《三省边防备要》卷五。

地位跃居潼关道之上。到道光三十年，"厘金岁额曾达银十五万两，居全陕之冠"①。丹江水运的繁盛，使龙驹寨成为连接汉口经襄阳到陕西的水陆码头，也成为山陕商人到江南从事商贸活动的主要孔道。乾隆时，陕西巡抚严如煜说："龙驹寨、小河一道，可通舟楫，直达襄阳之老河口，西商之贸易东南者多于此买舟雇骡。"② 而光绪《襄阳府志·风俗》的记载更为有趣，说在连接陕楚的樊城，"地当孔道，为商贾所荟萃，自西来者尚循俭朴，自南来者多习侈靡"。这些都说明，到明清时，湖北成为山陕商人赴江南贸易的必经之路，他们的足迹踏遍了湖北的广大区域。《竹山县志》卷一载：在从襄阳到陕西的陕鄂交界地区，"往来而贾者秦人居多，百数十家缘山傍溪、列廛为肆，号曰客民"。

第三，进入清代，湖北农村棉纺织业进一步发展，湖北、河南成为山陕布商活动的主要区域和投资的主要场所。山陕商人为了节省运输费用，在湖北推广棉纺织技术，采用多种方法引导农村的家庭棉纺织业规范生产，有力地推动了湖北以武昌、襄阳为中心的棉纺织业的发展。在德安、汉阳、黄州以及汉阳府的孝感、花园等地，城乡人民习于织布，所产土布结实耐穿，布厚起绒，异常暖和，有"暖布"之称，深得北方人民的欢迎，当时"货以府名"，故赢得"府布"的美名。每年春冬两季，山陕客商来当地设布行收买。孝感所产土布"细薄如绸，三十尺以下皆曰椿布，西贾所收也，至呼为孝感布"③，云梦"西商于云立店号数十处，与本地贸易市店以布互通有无"④，应

① 《续修商志稿》卷八。
② 〔清〕严如煜：《三省山内风土杂识》。
③ 《孝感县志·土物志》。
④ 《云梦县志略》卷一《风俗》。

城"大布粗而宽……四时舟车贩运不绝"①，随州"人习为布，秋熟后，贾贩
鳞集，随民多持此为生计"②。汉阳府的汉阳、汉口、江夏、黄陂、沔阳、汉
川以生产扣布闻名，其多为陕西布贾收购。汉阳"妇女老幼机声轧轧……逐
什一者盈千累万，卖至汉口加染造，以应秦晋滇黔远贾之贸"③。实际上，这
里的"滇黔远贾"仍然是陕西商人，他们贩运鄂布到滇黔一带销售。汉川所
产大布、小布"秦晋滇黔贾人争市焉"④，汉口所产之葛仙布"多输向河南、
山西、陕西、四川、汉中地方"⑤。黄州府的黄冈、黄安、衡水、蕲春、麻城、
罗山、广济等县以产景布著称，其布分销均县、汉中、郧阳、广元、白河、
天水、蜀河口、兰州、兴安、石泉，"汉中等地的客贩，则系运桐油、木耳等
山货来老河口，再贩景布折回"⑥。而荆州府的沙市、砖桥、后港、拾回桥等
地所产"荆庄大布产销鼎盛，畅销国内的鄂豫川陕14个省"⑦。这些贩自湖北
的府布，先运至云梦进行晾晒、捆载，云梦成为湖北府布的集散地（《云梦县
志》卷二曰："凡西客来楚贸布，必经云城捆载出疆。"）；然后运至汉口装
船，沿汉江而上入老河口至龙驹寨，再陆路运至陕西三原。

明代以来，大量山陕商人到湖北经商贸易。安康"刘盈科……以商贾起
家……自楚贩米"⑧。胡大朝最早在秦晋开当铺，后来到湖北经营商贸，"每

① 《应城县志·物产》。
② 《随州志·土产》。
③ 《（乾隆）汉阳县志·物产》。
④ 《汉川县志·风俗》。
⑤ 李文治：《中国近代农业史资料》（第1辑），生活·读书·新知三联书店1957年版，
　 第512页。
⑥ 平汉铁路经济调查组编：《老河口支线经济调查》，1937年，第45—46页。
⑦ 赵振业：《荆庄大布》，见中国人民政治协商会议湖北省荆门市委员会文史资料研究委
　 员会编：《荆门文史资料》（第6辑），1990年，第196页。
⑧ 《安康县志》卷一三《人物传》。

泛舟江汉"①。大荔的厄为林"为富室某司号事，往来于汉口沙市之间"②。蒲城的王文宁"业盐家汉口，阅代矣"③。大荔八女井李家，"到同治年间已有一二百年历史，其家商业以布庄为主，从湖北贩布，总号设在三原"④。韩城梁有才，清代迁居郧西板桥河，"耕贸起家"⑤。渭南李俊奇"贸易客死湖广"⑥。高陵刘帮祯"出贾荆湖"⑦ 发财致富，成为高陵第一富户。泾阳商人李元燮"经商于吴楚间"⑧。高陵刘希仁"乃祖以贸易起家……携子母于川湖间"⑨。明清山陕商人在湖北的经贸活动，使得山陕商帮成为湖北商贸领域的重要力量，在湖北的商业经济发展史上占有一席之地。在九省通衢的武汉，山陕商人主要从事茶叶、布匹、药材、皮货、典当、纸张等行业，嘉庆年间修建汉口山陕会馆时捐资的行帮有 23 行之多，垄断了汉口贸易的半壁江山。以至于汉口《竹枝词》中带有怨气地说：

典当生涯属老西，箴条花土尽黄帮。

…………

买卖全归汉口去，可怜生意冷沙头。⑩

---

① 《安康县志》卷一九。
② 《（民国）大荔县志稿》卷一〇。
③ 〔清〕范锴：《汉口丛谈》卷三。
④ 马长寿：《同治年间陕西回民起义历史调查记录》，陕西人民出版社 1993 年版，第 107 页。
⑤ 《（民国）郧西县志》卷九。
⑥ 《（光绪）新续渭南县志》卷九。
⑦ 董国柱：《高陵碑石》，三秦出版社 1993 年版，第 157 页。
⑧ 〔清〕长白浩歌子：《萤窗异草》第 2 编第 3 卷。
⑨ 董国柱：《高陵碑石》，三秦出版社 1993 年版，第 177 页。
⑩ 雷梦水、潘超、孙忠铨等编：《中华竹枝词》（4），北京古籍出版社 1997 年版，第 2648 页。

在沙市，商业贸易主要掌握在包括山陕商帮在内的十三帮手中，十三帮组成的办事会馆在旃檀庵，每天由旃檀庵挂出当天的行市牌价，整个沙市的商贸市场才能启动。[①] 在黄梅县，"其工匠无土著，率四方来者，取相通而食，凡开张百货，又皆山陕徽歙之人"[②]。在巴东，"商贾依川江之便，民多逐末，然亦无大资本，贫民或为北人负土货出境往来"[③]。在汉阳、黄州、黄陂、孝感、沔阳、汉川等地，从事棉布贸易的主要是"秦晋滇黔远贾"[④]。在宜昌，"郡城商市半皆客民，有川帮陕帮徽帮"[⑤]。山陕商帮在湖北的商贸活动顺利发展，使得当地人眼界大开，他们在《荆沙竹枝词》中写道：

毕竟客帮最有才，不同本地店难开。

只须有个招牌幌，便好各行扯得来。[⑥]

为了联络乡谊，推进商贸事业的发展，山陕商人在湖北各地修建了活动和办公的会馆，使湖北成为山陕商人会馆建设最密集的省份之一。山陕商人在湖北建设的有资料可查的会馆最早是汉口山陕会馆和郧西山陕会馆。汉口山陕会馆建于康熙二十二年（1683），嘉庆年间重修，占地1万平方米，光绪年间再次修复时耗银12万1千7百两，恢宏壮丽，成为与汉口黄鹤楼、晴川

---

① 毛鸣峰：《沙市的工商业与十三帮》，见中国人民政治协商会议湖北省沙市市委员会文史资料研究委员会编：《沙市文史资料》（第2辑），第6页。

② 《古今图书集成·职方典》卷一一七八《黄州府部》。

③ 《（同治）巴东县志》卷二《风俗》。

④ 《（乾隆）汉阳县志》卷二《物产》。

⑤ 《（同治）宜昌府志》卷一一《风俗》。

⑥ 雷梦水、潘超、孙忠铨等编：《中华竹枝词》（5），北京古籍出版社1997年版，第2650页。

阁齐名的武昌三大胜景。① 郧西山陕会馆也叫"三公祠",建于康熙四十八年
(1709),雍正九年(1731)郧西知县建三代祠于关帝庙后,山陕商人便以关
帝庙为会馆。② 从清代康熙年间起,山陕商人在湖北建造会馆的活动连绵不
断。据掌握的资料,明清山陕商人在湖北建造的会馆一共40所,分布在湖楚
大地各个角落。详情见本书附录1。

二、 明清时期湖北山陕会馆的作用

明清山陕商人在湖北的经贸活动及其会馆建设,对于推动湖北商品经济
和市场经济的增长、优化产业结构、加强中西部地区之间的经济文化交流起
到了积极的作用。

第一,山陕商人在湖北的经贸活动,对推动湖北商品经济和市场经济的
增长起到了推动作用。湖北在明清之际是经济比较发达的地区,特别是随着
长江流域的开发,武汉三镇成为九省通衢的南北中心市场,并成为山陕商人
沟通东西部贸易的交通枢纽。明清以来,山陕商人经汉口赴江南贸易,溯汉
水而上入丹江到陕西龙驹寨,这一线成为连接中西部贸易的黄金水道。山陕
商人在沿丹江入汉水流域的各个城镇从事商贸活动,有力地推动了沿线商贸
经济的发展,特别是推进了湖北各地市镇经济的繁荣。如光化县的老河口,
原本是汉江北岸的一个沙滩,进入清代,由于老河口是丹江与汉江的汇合处,
故成为秦楚贸易的交通枢纽,"商贾辐辏,烟火万家,诚为富庶之区"③。安

---

① 《汉口山陕会馆志》,光绪二十二年(1896)汉口景庆义堂刻本,第1页。
② 《(民国)郧西县志》卷二。
③ 《(光绪)光化县志》卷一《乡镇》。

陆弘治中"产唯布谷，无异货，河狭舟轻，商贾不至……自乾隆以来，商贾云集，财货日繁"①。地处汉江之滨的沙市沙洋镇，原本是名不见经传的小村镇，进入清代，山陕商人在沙市贩运荆州大布，下河装船，每次不少于2万匹，使得沙洋镇成为荆布出楚的水陆码头和驰名市镇。② 随州的厉山镇，原本是一个小山村，入清以后，山陕商人在湖北开发了农村的棉纺织技术，并经过襄阳到随州购买土布，遂使厉山成为荆襄土布的中转之地，该镇的棉布纺织很有名，经济也随之活跃。③

　　第二，明清山陕商人在湖北的经贸活动，优化了湖北的产业结构，直接推动了湖北棉纺织业的发展。为了节省运输费用和商品流通成本，进入清代，山陕商人放弃江南市场而转向湖北购布，下气力在湖北发展农村家庭棉纺织业，直接刺激了湖北农村产业结构的调整。如在湖北安陆，山陕商人与当地布行形成"借以有无相通"的贸易伙伴关系。他们所带银两"用独轮车装运，由'镖头'押运送来的。各家客户每次要运来大几千上万两银子"，"每年约有十七八万两银子流入安陆"。④ 在孝感，"山西客人雷师、陕西客人黄师结伴而来洽谈生意，一次就购了四个车皮（二千捆）正庄府布。随即又招来甘肃兰州的巨商，一次就买了四个车皮的布，转销到三原总站"⑤。在沙市，购

---

① 《（道光）安陆县志》卷八。
② 赵振业：《荆庄大布》，见中国人民政治协商会议湖北省荆门市委员会文史资料研究委员会编：《荆门文史资料》（第6辑），1990年，第196页。
③ 曾亚东：《厉山镇山陕会馆小考》，见中国人民政治协商会议湖北省随州市委员会文史资料委员会编：《随州文史资料》（第4辑），1989年，第141页。
④ 李肇植：《德安府布史话》，见中国人民政治协商会议湖北省安陆县委员会文史资料研究委员会编：《安陆文史资料》（第1辑），1982年，第89、90页。
⑤ 鲁恤民：《府庄布在孝感》，见中国人民政治协商会议湖北省孝感市委员会文史资料委员会编：《孝感文史资料》（第5辑），1988年，第41页。

布的陕西商人"下河装船,每次不下千件(约两万匹)"①。在云梦的陕西布商也是如此。《云梦县志略·风俗》载,"西商于云立店号数十处",凡"宽闲屋宇,多赁山西布商作寓"。该地区的经济繁荣与山陕商人的活动形成相互促进的关系。

第三,明清山陕商人在湖北的经贸活动也加强了中西部地区的区域文化交流。明清流寓湖北的山陕商人,以所建会馆为中心居住在一起,形成具有鲜明地域文化的移民社区。如汉口山陕会馆周围多为山陕商人所居,被称为"山陕里",具有浓郁的秦晋文化风俗。正如《汉口竹枝词》所描写的:

> 徽客爱缠红白钱,镇商喜捻旱烟筒。
>
> 西人不说楚人话,三处从来习土风。②

同时,山陕商人在湖北各地耗巨资修建恢宏壮丽的山陕会馆,一方面是为了炫耀财富,另一方面具有在异地张扬本土文化的意义。汉口山陕会馆是山陕商人在全国修建的最壮丽的会馆,光绪年间修建时耗资 12 余万两白银。《重修西会馆关帝圣君正殿碑记》中说,修建山陕会馆的目的之一,就是"弥生西北之辉煌乎"③。老河口的山西会馆和陕西会馆也是极尽两省文化之能事。明清时期,陕西是全国的冶金中心,所以陕西会馆一般都树有万斤重的铁旗杆;而山西会馆则富丽堂皇。当时老河口流行的民谣曰:"上会馆(山西馆)

---

① 赵振业:《荆庄大布》,见中国人民政治协商会议湖北省荆门市委员会文史资料研究委员会编:《荆门文史资料》(第 6 辑),1990 年,第 198 页。

② 雷梦水、潘超、孙忠铨等编:《中华竹枝词》(4),北京古籍出版社 1997 年版,第 2620 页。

③ 《汉口山陕会馆志》,光绪二十二年(1896)汉口景庆义堂刻本,第 32 页。

赛如金銮殿，下会馆（陕西馆）门前铁旗杆。"这充分展现了山陕会馆不同的文化特色。清人叶调元在《汉口竹枝词》中记述了当时各地会馆的文化交流情况：

> 一镇商人各省通，各帮会馆竞豪雄。
>
> 石梁透白阳明院，瓷瓦描青万寿宫。[①]

山陕会馆每逢关帝诞辰和过年过节均演戏酬神，这又推动了秦腔在湖北的流播。汉口山陕会馆内仅大小戏楼就有 6 座之多，商家每逢节日都要唱戏，一唱就是三天，无外乎秦腔和山西梆子，这使会馆戏成为当地社区文化活动的重要内容。《荆沙竹枝词》记载了山陕会馆戏的盛况：

> 各帮会馆尽堂皇，演剧偏多是武昌。
>
> 江渎三清雄两观，道人闲散庙宽长。[②]

这些充分反映了山陕会馆在促进不同区域文化交流方面所发挥的作用。

[①]　雷梦水、潘超、孙忠铨等编：《中华竹枝词》（4），北京古籍出版社 1997 年版，第 2592 页。

[②]　雷梦水、潘超、孙忠铨等编：《中华竹枝词》（4），北京古籍出版社 1997 年版，第 2646 页。

第四节　明清时期山陕商人在江南的会馆建设

一、　明清时期山陕商人在江南的活动及其会馆建设

明清时期，以长江三角洲为中心的江南市镇经济发展较快，因此，有关明清的商业市镇发展研究多以江南地区为代表。为了论述的方便，笔者对"江南地区"的界定，借用学者刘石吉的观点。刘石吉在《明清时代江南市镇研究》一书中认为："'江南'是指长江以南属于江苏省的江宁、镇江、常州、苏州、松江各府及太仓直隶州，以及浙西的杭州、嘉兴、湖州三府所属各县。"① 此外，根据山陕商人在江南的实际活动及其所建会馆的地理分布情况，文中还涉及安徽、湖南等地。

明中叶以来，江南地区的商业市镇获得长足发展，至清代更为兴盛。其兴盛原因，主要是丝织业及棉纺织业的发展。这些地区因种棉栽桑、育蚕抽丝、纺纱织布，大多数地不产米，仰食四方。商人运米而来，居民买米而食，粮行、米行、豆米市在各市镇相继增多，有力促进了商品经济的发展。江南苏、松、嘉、杭棉纺织市场的勃兴吸引了南北商贾，以陕商、晋商最为著名，后徽商势力居上。

明清之际，南北商品的基本流向是"燕赵秦晋齐梁江淮之货，日夜商贩

---

① 刘石吉：《明清时代江南市镇研究》，中国社会科学出版社 1987 年版，第 1 页。

而南；蛮海闽广豫章南楚瓯越新安之货，日夜商贩而北"①。商品的南来北往使得山陕商人长期以来活跃于大江南北。

明代政府推行的"食盐开中""布马交易"等政策，以及江南地区自然气候条件等多种因素，为山陕商人赴江南经商提供了历史契机和物质基础。尤其在江苏、浙江两地，陕西商人和山西商人是当时重要的商业力量，他们赴扬州贩盐，贩运江南棉布到西部，被江南人称为"秦晋大贾"。明代中前期，两淮地区"商之有本者，大抵属秦、晋与徽郡三方之人，万历盛时，资本在广陵者不啻三千万两"②。康熙南巡后说："朕行历吴越州郡，察其市肆贸迁，多系晋省之人，而土著者盖寡。"③在湖南长沙，从乾隆到同治的几百年间，"其贩卖皮币、金玉、玩好，列肆盈廛，则皆江苏、山陕豫章、粤省之客商"④。在湘潭，"山陕客商最多，久滞思归"⑤。江浙大小城镇都有山陕商人设立的商号。乾隆年间，陕商在苏州建立了全秦会馆，山西商人建有翼城会馆和全晋会馆，勒于碑石的商家多达 130 余号。同治九年（1870），山陕商人又与河南商人一起在南濠设北货码头，参与其事的山西商号有 26 家，陕西商号有 15 家。⑥可见，自明迄清，山陕商人始终活跃于江南各市镇，成为江南各帮商人中的重要力量。明清时期，山陕商人在江南经营的行业主要有：

盐业。明代，在以粮换引的"食盐开中"政策刺激下，山陕商民"争先趋中"，输粮换引，许多商人成为奔走于江淮之间的大盐贾。如陕西商人李月

①〔明〕李鼎：《李长卿集》卷一九，万历四十年（1612）豫章李氏家刻本。

②〔明〕宋应星：《野议·盐政议》。

③《清高宗实录》"乾隆二十八年（1763）二月乙卯"条。

④《（乾隆）长沙府志》卷一一。

⑤《于清端公政书》卷二。

⑥范金民：《明清时期活跃于苏州的外地商人》，载《中国社会经济史研究》1989 年第 4 期。

峰"输贾延安之柳树涧……数千万石，食安边定边安塞军数万人，通引淮扬"①，成为"财雄里中"的富平北乡四大姓之一。陕西商人高尧山"乃与诸从子走湟中、西夏，尽以赀易菽粟，入储边帑，而令部檄，收盐利于淮、浙。如此数易，赀大归，君与邑中巨富人埒矣"②。明代中前期，淮扬盐场是山陕商人活动的主要领域和经营致富的摇篮。"淮盐以西商为大宗"，陕西商人、山西商人300余年的努力才造就了秦淮河畔的繁荣。入清后，随着淮扬盐业的恢复，山陕盐商实力虽有所削弱，但仍有不少商人继续前往扬州经营盐业，其中最著名的有陕西泾阳的安吴寡妇，其堂号曰"安式仪堂"，以"经营盐业为主，商号多设江淮流域"③，成为同治光绪年间的陕西巨富。

布业、丝绸业。明代和清代前中期，江浙地区是中国丝绸棉布的主要产区，山陕商人在此贩布者极多，垄断了江南的标布市场，足迹遍布苏、松、嘉、杭等产布城市乡镇，如朱泾镇、七宝镇、朱家角镇、南翔镇、大场镇等都有山陕布商的商号。明人张瀚《松窗梦语》卷四载："秦晋燕周大贾，不远数千里而求罗绮缯币者，必走浙之东也。"山陕商人还到杭州、苏州等地贩运丝绸，清代丝绸名镇盛泽建有山西会馆和华阳会馆，可以想见明清两代山陕商人在江南地区经营布业、丝绸业的繁荣景象。

茶业。明清时期，湖南、湖北是茶叶的主要产地，也是山陕商人赴江南贩茶的主要阵地。明代以来，在"茶马交易"政策的引导下，山陕商人赴湖南安化运红茶到陕西泾阳，经焙炒压制成茶砖，再贩运到西北各地，这就是西北地区民众喜爱的"湖茶"的由来。他们捆绑茶叶，经资水入洞庭趋长江，

① 〔清〕李因笃：《受祺堂文集》卷四。
② 〔明〕来严然：《自喻堂集》。
③ 泾阳县商业局：《泾阳县商业志》，油印本，第44页。

足迹遍及三湘大地。醴陵县经营"药材、南货、糕饼、豆豉、杂货、银楼、布匹、钱庄、典当各大业，均属西帮"①。桃源县茶油之利"陕豫之商毕集"。可见，明清时期，山陕商人成为湖南商界的重要力量。

药业。清代是"西口药材"盛销全国的时代，而祁州、亳州、长沙、禹城又是全国四大药市。在利润的驱动下，这些地区有大量山陕商人活动的身影。尤其是在安徽亳州，陕西药商的力量十分雄厚。他们除了贩运西口药材到亳州外，又大量贩卖亳州盛产的亳芍、亳菊、柔白、瓜蒌、槐米、二丑等名贵药材到西部各地。依靠雄厚的财力，他们在亳州集资建造了素负盛名的山陕会馆。徐州也有山陕药商开设的药铺。

明清时期，山陕商人为了保证经营活动顺利开展，在江南各地建造会馆，这就加强了西部地域文化和江南地域文化的交流，有力促进了江南地区及秦晋两地经济文化的发展。

江南的山陕会馆，建于明代，鼎盛于清代，这与江南地区商品经济的发展趋势是完全一致的。这些会馆有的迄今仍保存完好，它们无不向人们展示着明清数百年间秦晋大贾南来北往、接踵摩肩，江南水乡经济一派繁荣的景象。

山陕商人在江南各地建造的会馆当中，以苏州的全晋会馆、全秦会馆和亳州的山陕会馆最为著名。其中苏州全晋会馆和亳州山陕会馆保存至今，是当地著名的文化景点。

苏州的全晋会馆兴建于清乾隆三十五年（1770），占地面积约 6000 平方米，以中路为轴，分中、东、西三路建筑。中路建筑是会馆的主体，气势雄伟，富丽堂皇，有门厅、鼓楼、戏台和大殿，是晋商举行庆典和娱乐活动的

① 《（民国）醴陵县志》卷六《食货》。

场所。西路建筑庄重朴实，筑有两厅一庵：楠木厅和鸳鸯厅为晋商交流商情、相互借贷、调剂资金的洽谈场所；万寿庵是停放已故在苏晋商灵柩之处，每年由山西派专船将灵柩迁回故土。东路有房屋数十间，供短期来苏的晋商寄宿存货，以及在苏破产失业的晋商借住。据《清高宗实录》卷一三九载："吴越州郡，察其市肆贸迁者，多系晋省人。"大量的山西商人来到苏州，为了巩固自己的商业利益，便广泛联络、协商，合力对外。苏州全晋会馆就是山西商人交流商情、联络感情的重要场所。

被誉为"姑苏第一名街"的山塘街也留下了陕西商帮的足迹。山塘街道的一块标牌上清楚地写着"山塘街 512 号雍凉公墅，即全秦会馆，俗称陕西会馆，清乾隆六年（1741）由西安商人邓廷试、刘扬创建"等字样。这里是陕西会馆的旧址，保留了一些陕西会馆的遗迹，包括大小 4 块青石碑、一圆一方 2 个石础，以及一头残破的石狮子。最大的一块青石碑保存完整，长约 2米，宽约 70 厘米，厚约 25 厘米，碑体上刻满了文字，大约是对该会馆在乾隆嘉庆年间多次重修的内容记载。露出地表的一块圆形石础，直径在 60 厘米到 70 厘米，非常宏大，可以想象当时陕西会馆的宏伟气势。

安徽亳州的山陕会馆是山陕商人在江南建造的又一个典型会馆。它是山西、陕西两地药商于清顺治十三年（1656）集资兴建的。由于山陕两地崇敬关羽，所建会馆也被作为祭祀关帝的家庙，所以原名为"大关帝庙"。康熙十五年（1676）建立歌台，即戏楼。戏楼坐南面北，舞台前伸，形如"凸"状，四方翼角，加之屋面琉璃铺饰，金碧辉煌。戏楼两侧为钟楼、鼓楼。钟楼外侧各有楼房三间，为山陕商贾居住。故大关帝庙具有娱乐（戏楼）、宗教（帝庙）、商务（会馆）三种职能合一的性质。

二、 明清时期江南山陕会馆促进文化交流的作用

江南地区的山陕会馆主要是商人会馆，它以乡土亲缘关系为纽带，维系在江南的山陕商帮的共同利益。当时，会馆在政治、经济、文化以及社会生活等层面都发挥着重要的作用。从促进文化交流的层面讲，其作用主要体现在以下几个方面。

（一）演戏酬神，传播西部地域文化

山陕会馆的建立促进了陕西、山西地域文化与江南地域文化的交流。山陕会馆内多筑有戏台，逢年过节或每月初一、十五，同乡欢聚一堂，祭神祀祖，聚餐演戏。明清时期，陕商和晋商通过大量的经营贸易活动，把秦晋两地的民风民情带到各地，而山陕会馆就是传播山陕戏剧文化的重要阵地。如长江流域的汉剧吸收了秦腔的西皮，它的诞生离不开山陕巨贾的商业经营和娱乐需求。明末清初，一种被称作山陕梆子的唱腔被晋陕商人带到省外，传至江浙、两广等地，对东西部戏曲文化的交流起到了促进作用。山陕商人通过听戏文、观剧情来寄托浓郁的思乡、思亲之情，这也推动了秦腔和晋剧艺术在江南的传播。

清乾隆时著名秦腔旦角演员魏长生在北京、苏州、扬州演出《滚楼》一剧，引起轰动，"观者日千余人，六大班顿为之减色"①。陕西会馆最初只演秦腔，后来什么地方戏都演，这表明地域文化融合的步伐正在加快。会馆演剧结束之时，通常要放爆竹，这既是宣告演出结束，也是酬神的一种祭奠仪

---

① 徐珂：《清稗类钞·优伶类》。

式。山陕会馆俗称关帝庙，崇奉和祭祀关羽，在它的影响下，其他省的会馆也逐渐崇奉关羽，从而推动了各地文化的交融。

（二）推动建筑形式的融合

山陕会馆多巍峨壮观、富丽堂皇，尽显秦晋两地商业的实力。会馆以宏大、厚重、古朴、多样的特色展现了明清时期中国北方民居建筑的特别风采。如扬州最早的山陕会馆，东西长 60 余米，南北长 120 米，占地 10 亩余。原房横有 3 轴，纵有 7 进，由门楼、福祠、照厅、正厅、偏厅、内室、木楼、庭园、火巷等组成，保存基本完好。楚地的晋商会馆规模大、建筑精、品位高，结构多为窑洞和楼房的结合体，院子多为长方形，高墙深院、美屋峻宇、亭台楼阁、廊厦榭栏，折射出中国民居建筑文化的魅力。此外，山陕会馆一些附属建筑采用南方建筑的穿斗式风格，花厅、庭园有些做法也与南方园林做法相一致。可见，山陕会馆的建筑形式推动了南方民居建筑形式与陕西、山西两地民居建筑形式的融合。

（三）推进秧歌与江南民间舞蹈的交流

秧歌的起源与古代祭祖、戍边军旅庆功、农民欢庆丰收时的手舞足蹈有关。明清以来，陕北人新春闹秧歌已成习俗。秧歌在山西也获得了生存的沃土，明代以后，秧歌在晋中地区极为兴盛，这与经济的繁荣是分不开的。商业市集与娱乐活动相交融，春节期间，"各商行扮演抬阁马社次日集县衙听点及期以次前导各官盛陈仪卫迎春于东郊"，"村民于里庙祀神演剧，四乡商贾以百货至，交易杂遝终日而罢者为小会，赁房列肆裘绮玩经旬匝月而市者为大会，城乡岁会凡五十五"。① 节日时通常都会"悬花灯""放烟火弦歌彻夜"，同时"货物杂集远近游人争相贸易"。② 可见这一时期娱乐游艺与商业风气之盛。山陕会馆作为表现秧歌这种民间艺术的载体对它的传播与发展起到了很大的推动作用。山陕会馆表演的秧歌多反映商人的家庭生活，如山西祁太秧歌《换碗》中唱道：

一办竹器河南省，

二办瓷器九江行，

三办花布到山东，

四办农货归化城，

五办丝线上北京，

……

由此我们可以看出，山陕商人将西部民间文化带入客地，从而与客地的民间艺术融合发展。江南广为流传的花灯、花鼓与秦晋两地的秧歌属于同源异流的艺术形式，花灯词与秧歌一样有着浓郁的乡土气息，陈述内容、表达情节、抒发情感、吸引观众。载歌载舞是秧歌、花灯、花鼓共同的艺术手法。

（四）促进地域饮食文化的交汇

会馆在饮食文化的交流方面扮演了重要的角色。清代饮食业发展颇为鼎

---

① 《（民国）太谷县志》卷四《礼俗》。
② 《（光绪）祁县志》卷四《风俗》。

盛，西部的风味食品以会馆、店铺为中介，流传到南方。以山陕会馆为中心，秦晋两地商人临河设店，在江南水乡古镇形成了一个个饮食亮点。他们多经营名优小吃，以酱味甄蹄、油酥火烧、风干腊肠、五香油菜、八宝粽糕、豆豉腊肉等为主。这些风味小吃做工精细、货真价实。此外，会馆在促进地域和民族饮食文化交融方面发挥了不可替代的作用。山西、陕西商人还在安徽庐江县开店，把西北、苏南的特色饮食引进县城。有时在同一店馆内，京肴北炒、苏脍南羹都能尝到，可谓百味争夸；糕铺分南案北案，五彩纷呈。为了提升饮食文化的内涵与品位，山陕商人在优化饮食环境和营造氛围方面也是精雕细刻，他们在规模较大的饮食店内为鼓词、大调曲等曲艺开辟一席之地，顾客在饮酒、品菜的同时可听地方戏，使其回味无穷，流连忘返。

第四章

明清时期山陕会馆的基本制度

第一节　明清时期山陕会馆的组织形式及创建过程

会馆作为商帮的办事机构和标志性建筑，形成了比较系统的组织体系，体现了陕西商人和山西商人卓越的组织能力和创新意识。

山陕会馆的基础是山陕商人大会。陕商大会是陕西会馆的最高权力机关，会馆的基本制度安排和具体运作都是在它的统筹下进行的。如清代乾雍年间在四川自贡的陕西商人形成集团化经营的商帮西秦大会，由在自贡经营钱业的100多家商户组成，并于雍正十年（1732）以西秦大会的名义购买自贡房龙山房主李光华的房基，作为会馆的基础。该会馆《地契基约》上载明："立约卖座房龙峰山文约人李光华……今甘愿请中卖于西秦大会建修庙宇，永远管业。"①康熙年间，当时驻汉镇的太原帮、汾州帮、红茶帮、盒茶帮、捲茶帮、西烟帮、闻喜帮、雅帮、花布帮、土果帮、西油帮、陆陈帮、匹头帮、皮货帮、众帐帮、核桃帮、京卫帮、均烟帮、红花帮、当帮、皮纸帮、汇票帮"萃数十帮之众"组成山陕大会，购买循礼坊地基，建造汉口山陕会馆，作为"山陕两省士商办公之所"②。陕西丹凤县的船帮会馆的成立，也是因为有一年农历六月六庙会，风雨阻隔使船帮逾期未到而遭到其他帮会的羞辱，一气之下500多名船主和船工组成船帮大会，决定从搬运的每件货物中提取

---

① 郭广岚、宋良曦等：《西秦会馆》，重庆出版社2006年版，第140页。
② 《汉口山陕会馆志》，光绪二十二年（1896）汉口景庆义堂刻本，第11页。

三钱，醵资建造船帮会馆。①

在山陕商人大会的统筹下，会馆有严密的组织机构，按《汉口山陕会馆志》的记载，会馆内部组织分工细密，"有次输助、有劝捐抽、有约经理、有法修废、有时登临、有赋流览、有唆乐生、有宴恤逝、有神昭布、有像祈祝、有祀仪物、有制宴会、有期综祀、有主分行、有业法守、有规整齐、有禁岁息、有产出入、有经支销、有总增置、有录其庙券址"②。

设立会馆的第一步是筹集经费。会馆的成员是当地的山陕籍客商、伙计，一般从东家、掌柜到客师均须交会费，也叫"上会钱"，入帮以为会员。会长由各成员按"富于资产""老成谙达"的标准和条件推举产生，统管一切事务。会长下有司年董事、司月董事若干名，按年按月轮流分理各事，董事均由推举产生。会馆设有专职办事人员，一般有会计、庶务的司账司事，负责支客、消防、值殿、厨房、门卫等的杂役馆丁。董事无俸，司事以下有酬。

设立会馆的第二步，即请地方官认可。"凡创立会馆公所先由知县衙门许可，请求蠲免数地与义冢之税"，购买房产地产，建筑馆舍，均须具禀官府，以存章执照。③ 此举是为会馆获得合法地位和官府保护。

当然，明清时期会馆的建设和制度完善经过了几代人的努力，流淌着数代山陕商人的心血。

陕西商人最早在京师设立会馆是明代天启年间由陕商后裔京官温纯倡议捐修的。温纯，字景文，陕西三原人，其父温朝凤为著名陕商，在四川经营盐业致富。温家是陕西著名商业大族。温纯科举致仕，官拜工部尚书、左都

① 屈大宝、侯甬坚、童正家：《水旱码头——龙驹寨》，三秦出版社2003年版，第156页。
② 《汉口山陕会馆志》，光绪二十二年（1896）汉口景庆义堂刻本，第1页。
③ 彭泽益主编：《中国工商行会史料集》，中华书局1995年版，第92页。

御史等职。《三原县志·逸事》记载，该会馆"宏敞壮丽甲天下，环以居民，主人京职，法备赀饶"，说明会馆已规范成型，所以"法备"，同时以商人为主体，所以"资饶"。后因年久失修，不见记闻。清代乾隆年间，陕西韩城出了个状元王杰，"列三鼎甲之首，消息传出，在京陕籍官员纷纷祝贺。庆贺之际，新状元提出集资筹建陕籍会馆一事。第二年，保安寺关中会馆成"①。该会馆主祀关公，故称"关帝庙"，以保佑商事安康。《重修会馆碑记》中记载："秦晋富商大贾，无不祭祀关壮缪者，亦谋利而不忘……门外羊肉胡同关帝庙。"又载，关帝庙"自有明以来……由来久矣"②。关中会馆是山陕商人建造的、最早在京师以省馆名目出现的会馆，因为"关中"乃陕西的代名词。

山陕两省商人以联省形式修筑的山陕会馆最早出现在河南上蔡和伊川。河南是古中州，与山西和陕西毗连，在丹江水运没有开通之前，是陕西商人赴江南贸易的必经之路，汴梁孙家楼是连接大运河通往陕甘东大路的水旱码头。加之河南是人口大省，其"民不谙货殖"③，山陕商人乘势而入，成为明清时期河南行商的主要力量。山陕商人为了联络乡谊，推广贸易，在河南所到之处创修会馆，上蔡的山陕会馆是目前可知山陕商人最早在外地商埠修建的联省会馆。"他们沿用家乡习俗，在馆内庆大典、搞祭祀，逢年过节，熙熙攘攘。祭典时，均大开中门，悬灯结彩，各殿房蜡烛辉煌，香烟缭绕，山、陕两省的人携带着属，络绎不绝，爆竹声声，人人欢快，至除夕夜，爆竹声更是通宵达旦。每年从正月初一起，在馆里戏楼上，演戏三天，热闹非凡。"④

① 胡春焕、白鹤群：《北京的会馆》，中国经济出版社1994年版，第115页。
② 李华：《明清以来北京的工商业行会》，见南京大学历史系明清史研究室编：《明清资本主义萌芽研究论文集》，上海人民出版社1981年版，第230页。
③ 《（民国）灵宝县志》卷二《人民》。
④ 李清晶、赵继昌：《山陕会馆建筑结构》，见中国人民政治协商会议河南省上蔡县委员会文史资料研究委员会编：《上蔡文史资料》（第2辑），1989年，第72页。

河南伊川山陕会馆也是山陕商人较早建造的联省会馆。这说明，从明代中叶起，山陕商人就开始在经商驻地集资修建会馆，山陕会馆随着山陕商人的足迹遍布全国各地。一部山陕会馆的建设史就是一部山陕商人在全国经营奋斗的创业史。笔者调查的资料显示，山陕商人在全国各地共建了计约 360 所山陕会馆。从明清山陕会馆的创建过程看，一般都经历了不同的发展阶段，并随着会馆功能的日臻完备，建筑群也日益壮丽恢宏。

第二节　明清时期山陕会馆的创立方式

山陕会馆最初的创建目的是供流寓异地的山陕商人借寓住宿、存放货物，类似于"同乡商人招待所"。对此，山东聊城山陕会馆《旧米市街太汾公所碑》有生动说明："聊摄为营运通衢，南来商舶络绎不绝，以故我乡之商贩者云集焉，而太汾两府者尤多，自国初至康熙间，来者踵相接，侨寓旅舍几不能容，有老成解事者，议立公所，谋之于众。金曰：'善。'捐厘醵金，购旧家宅一区，因其址而葺修之，号曰'太汾公所'。"① 显然，旅聊的山陕商人为了解决"侨寓旅舍几不能容"的困难，才动议修筑山陕会馆。安徽亳州山陕会馆《重修大关帝庙碑记》也记载修会馆的目的是"首事王壁、朱孔颖，皆籍系西陲，西行于亳，求财谋利，联袂偕来，亟谋设会馆，以为簪盖之地"②。苏州陕西会馆的设立是为了"士商之游处四方者，道路无燥湿之虞，

---

① 竞放：《聊城山陕会馆》，见穆雯瑛：《晋商史料研究》，山西人民出版社 2001 年版，第 424 页。

② 侯香亭、梅开运：《花戏楼》，见中国人民政治协商会议安徽省亳州市委员会文史资料研究委员会：《亳州文史资料》（第 5 辑），1992 年，第 116 页。

行李有聚处之乐"①。明人沈德符《万历野获编》卷二四《会馆》载："京师
五方所聚，其乡各有会馆，为初至居停，相沿甚便。"而苏州《永禁官占钱江
会馆碑》把初设会馆是为了安故旅、存货物说得更清楚。该会馆碑文指出：
"查商贾捐资，建设会馆，所以便往还而通贸易。或存货于斯，或客栖于斯，
诚为经营交易时不可缺之所。若借作公馆，使客货反无依归，势必另为觅地
安顿，良多未便，甚非恤商之道。"②

　　这些记载说明，工商会馆最初设立的目的比较简单明了，就是供同乡商
人食宿和存放货物，以解决同乡商人初来乍到、人货无所依归的现实困难，
体现同乡相恤的人文关怀。只是到了后来，客商在流寓地落地生根，繁衍生
息，人数日益增多，贸易日益展开，矛盾日益尖锐，为整合这些发展中出现
的问题，会馆才逐渐增加了管理、协调、仲裁、联谊、保障的功能，作为对
流寓异地的同乡商人进行管理的社会组织的性质才日臻完备。对这一过程，
河南社旗山陕会馆和山东聊城山陕会馆的碑刻有详细的记述。社旗山陕会馆
石碑刻记载："赊旗店四方客商兴贩之墟，原初码头买卖行户原有数家，年来
人烟稠多开张买卖载者二十余家""商贾辐集，而山陕之人为多，醵金构会
馆，中祀关帝君，以君亦浦东产，故专庙貌而祀加虔，其余金则缮廊芜，岁
时伏腊，同人展廊，评讲公事咸在乎"。③ 聊城山陕会馆《重修关帝庙大殿
序》中也说，在原太汾公所的基础上扩建会馆就是因为"东昌为山左名区，
地临运漕，四方商贾云集者不可胜数，而吾山陕为居多。自乾隆八年创建会

①　江苏省博物馆编：《江苏省明清以来碑刻资料选集》，生活·读书·新知三联书店 1959
　　年版，第 376 页。
②　江苏省博物馆编：《江苏省明清以来碑刻资料选集》，生活·读书·新知三联书店 1959
　　年版，第 26 页。
③　河南省古代建筑保护研究所、社旗县文化局编著：《社旗山陕会馆》，文物出版社 1999
　　年版，第 117 页。

馆以祀神明而联桑梓……山陕商诸友，辐辏而聚此地，其势至涣也"①。

山陕会馆最初的创立方式主要有三种途径。

一是舍宅为馆。即同乡中的达官巨贾将其私寓捐献给同乡，辟为会馆。其中又分为官捐和商捐两种形式。官捐如北京的韩城会馆，就是清乾隆年间兵部尚书韩城人王杰将自己的府邸捐为会馆，由三套院子组成。由于王杰声望甚高，曾为乾隆皇帝的代笔人，韩城会馆地位显赫，为京师名人出入荟萃之地。商捐如北京的大荔会馆，是由陕西富商"路超吉捐购在宣武门外铁老鹳庙，共基三院"而建成的。河南阜阳的山陕会馆也是在山西商人吴某捐赠房宅的基础上扩建而成的。吴某为山西高羊人，在阜阳生意做得很大，年老还乡时，将房子无偿交给会馆使用。山东邹县的山西会馆亦是由山西商人柴贯一捐宅所建。柴贯一乾隆年间来邹县做生意，颇会理财，积蓄了很多钱财，因晚年无后，遂看破红尘，一心弃俗出家，将全部家产施舍给会馆，扩建了关帝庙。《续修邹县志稿·人物志》载："柴一贯，晋人，乾隆末来邹。年逾四旬，弃家室，掷商业……住持山西会馆。"② 此外，陕西西安的渭南会馆亦是渭南巨商贺士英捐资所修的。贺士英"创修省城渭南会馆，计屋百四五十间，置备器具共费三万五千金"③。

二是借庙为馆。会馆作为管理同籍士商的社会组织，一个重要功能就是通过祭祀乡土神凝聚同籍士商的精神。商海潮起潮落的万种风险，使商人面临着难以预料的命运，"成败由天，造化由命，觅利长短，原非一定"。士商

① 山西省政协《晋商史料全览》编辑委员会编：《晋商史料全览·会馆卷》，山西人民出版社 2007 年版，第 229—230 页。

② 刘锡山等回忆，张秉凯整理：《我所了解的邹县"山西会馆"》，见中国人民政治协商会议山东省邹县委员会编：《邹县文史资料》（第 5 辑），1987 年，第 31 页。

③ 《续修渭南县志》卷八。

求神灵的保佑，这便使得会馆一开始就与祭祀神灵的庙堂结合，呈现出庙馆合一的特点。因而，许多山陕会馆便是在租借或购买庙宇的基础上发展起来的。如湖北郧西山陕会馆，原先为关帝庙，为康熙四十八年知县秦国龙建，自乾隆二十五年（1760）知县王必昌改移梓潼庙为武庙，"山陕二省客民遂以此为会馆"①。四川会理的山陕会馆也是在该州三公祠的旧址上修建起来的。会馆《建修三公祠碑志》载："武帝三公祠者……乾隆辛亥州刺史曾地公轫建于殿西，制度未修，旋就倾圮，道光辛巳北省士商集议，存积租息，买郑姓地一区，迨在正殿后庀材鸠匠兴工，己丑庚寅落成，是后也，计费千九百五十五缗。"② 河南沁阳的山陕会馆是在八府寺的基础上改建而成的。《沁阳县志》卷一〇《艺文志》载："八府寺，在西关祭祀关公，今改为山陕会馆并祀关公。"甘肃康县的陕甘会馆亦依附于关帝庙内，《（民国）新纂康县县志》卷九载："县南六十里之岸门口下街有寺一院，院宇宽广，正庭有关圣帝君金像，右厢房为娘娘殿，左厢房为陕甘会馆，前有戏楼，栋宇辉煌，为岸镇不胜之地。"芜湖的秦晋会馆亦是借护国庵为馆，《芜湖县志》卷一三载："山陕会馆在下一五铺严家山下，初秦晋会馆，原在范罗山右护国庵……光绪三十一年复在严家山下定慧庵旧址建筑今馆。"陕西永寿县监军镇的山陕会馆亦在龙王庙内，《永寿县志》卷二载："龙王庙，财神庙，俱在县南四十里监军镇，乾隆三十二年山陕商民建会馆，遂次第经营诸神庙。"

借庙为馆是山陕商人经营智慧的集中表现。中国封建社会等级森严，衣着屋宇均有严格等级规定，不得僭越。明初，政府对官民房屋建造规格有严法限定，《明史》卷六八《舆服志》载："明初禁官民房屋，不许雕刻古帝后

① 《（民国）郧西县志》卷二。
② 《（同治）会理州志》卷七。

圣贤人物及日月龙凤狻麒麟犀象之形……洪武二十六年定制，官员营造房屋，不许歇山倾转角、重檐重栱及绘藻井。"而商人身居四民之末，为社会之最底层，借庙为馆便机智地逾越了馆舍建筑的身份限制，利用统治阶级"敬天保民"思想的政策空隙，为会馆建设争得了巨大的发展空间，使会馆建设一开始就立足于庙堂建筑的平台之上，突破了一般民居的限制。《清会典》关于关庙定制有明确规定，《清史稿》卷八四《礼三》载："南向，庙门一间，左右门各一，正门三间，前殿三间，殿外御碑亭二，东西庑各三间，东庑南燎炉一，庑北斋室各三间，后殿五间，东西庑及燎炉与前殿同，东为祭品库，西为治牲间，各三间，正殿复黄琉璃瓦，余为筒瓦。"山陕会馆一般按关庙规格进行建设，每每歇山重檐，雕龙饰凤，殿宇重峻，金碧辉煌，呈宫殿式模样，为当地的人文名胜。这也是山陕会馆历数百年风雨沧桑仍能保留至今的重要原因，充分表现了山陕商人娴熟的政治智慧和高屋建瓴的经营风格。

三是购宅为馆。山陕商人流离异乡，借地生财，醵金购宅为会馆以落地生根，这成为会馆建设的一般途径。所购宅院一般为当地名宅，这亦表现了山陕商人眼光高、手笔大的气势与胸怀。如开封的山陕甘会馆就是在明代中山王徐达裔孙奉敕修建的徐府的基础上建设起来的。徐达，字天德，为明代开国元勋，封魏国公，卒后追封为中山王。其孙徐茂光，居开封，为周王朱棣的宜宾（郡王之女婿），故奉敕兴建徐府。其大门金钉朱户，匾曰"大功坊"，门联书"春王正厥颁千载，开国元勋第一家"，为汴梁有名的府邸。嘉庆年间旅汴的山陕商人醵资购得徐府旧址，修建山陕会馆。"接檐香亭五间，旁购两庑，前起歌楼，外设山门，庙貌赫奕，规模宏敞，每逢圣诞，山陕商民奉祭惟谨。"此会馆一建成便借名宅之光而成为开封名胜，今天乃是全国重点文物保护单位。北京的泾阳会馆也是在雍正年间任太仆寺卿、顺天府尹、太常寺卿等职的名宦陈兆仑私宅的基础上发展起来的。北京的大荔会馆是由陕西富商路超吉购得宣武门外铁老鹳庙，后捐赠为会馆。该庙虽小，在北京却非常有名。庙内供奉关帝，据说极为灵验，求签者甚多。加之古槐、古香炉等历代文物，香火甚旺。此外，主殿顶端设有随风旋转的铁鹳一对，在空中嗡嗡作响，成为很好的广告。[①]

山陕会馆的建设因工程浩大，常常历经数代山陕商人的不懈努力，才能最终落成。这充分表现了山陕商人前赴后继、坚忍不拔的精神。河南社旗山陕会馆，乾隆二十年（1755）初建春秋楼，嘉庆六年（1801）设修主体建筑悬鉴楼，道光六年（1826）竣工，规模初成，历时71年。咸丰七年（1857）毁于战火，同治元年（1862）重建，光绪十八年（1892）始成，历时30年。该会馆的建设可以说经历了清王朝的大部分历史时期。汉口山陕会馆创于康熙二十二年（1683），咸丰四年（1854）被毁，同治九年（1870）重修，光绪二十一年（1895）方成，历时25年之久。开封山陕会馆初建神庙为康熙年间，道光四年（1824）扩建卷棚，道光五年（1825）添修牌坊，同治三年（1864）修后道院，光绪二十八年（1902）在大殿后增建春秋楼。四川自贡的西秦会馆于乾隆元年（1736）"爰卜井街东北，新构圣祠"，历时18年始成。河南周口山陕会馆于康熙三十二年（1693）初建关帝庙，到咸丰二年（1852）大修方告完成，历时约160年。

山东周村山陕会馆最先由山西商人范永观于康熙三十四年（1695）创建，尚未告成，他便辞世。后山西商人丘尚德在范永观所购地基上建成三义殿。28年后，丘尚德携子丘兆岭再赴周村，买下庙两旁的地亩，永为地基。丘兆岭归去后30年，山西和陕西商人为丘家父子事迹所感动，捐资重构殿宇，将其命名为山陕会馆，乾隆二十五年县令蒋学模到周村传集各商，再次重修。

---

① 胡春焕、白鹤群：《北京的会馆》，中国经济出版社1994年版，第126、118页。

道光四年（1824）对其进行了最大的一次重修，耗银 13000 两，集资的商号达 500 余家，这充分体现了山陕商人不屈不挠、世代相继的创业精神。①

第三节　明清时期山陕会馆的资金来源

会馆经费是会馆存在和发展的物质基础。山陕会馆建筑宏大，所费不赀。社旗山陕会馆耗资 87788 两白银，聊城山陕会馆耗资 60465 两白银，四川自贡西秦会馆耗银 40000 两，汉口山陕会馆仅春秋楼一项就耗银 249066 两。各会馆自成立之日起莫不把筹措经费作为首要功课。作为行帮办事机构的工商会馆形成了灵活的筹集资金机制。

第一，对同籍商人的抽厘和派捐。创设会馆一般是由官绅富户倡其先，同乡商人助其后。因此，富户捐资对创设会馆资金的聚集起着表率和带头的作用。如安徽亳州山陕会馆，就是由首事富商王壁、朱孔颖带头捐资，其他同乡商人云集响应集资而成的。湖北随州厉山镇山陕会馆亦是由蒋中和、谭财盛、宋三发等新兴布行商人集资建成的。② 陕西著名商人家族的捐资往往成为会馆创立资金的重要来源。如四川金堂县陕西会馆就是由陕西渭南巨商板桥常家捐资所建的；四川双流、绵竹的山陕会馆，陕西岐山巨商马家的捐资占很大比重；渭南巨商贺士英"补葺京城会馆捐金若干"。陕西韩城党家村巨商党家，在社旗镇办有字号"合兴发"，占有社旗镇太平街的全部街房，党家给社旗山陕会馆多次捐银，10000 两、8000 两、5000 两不等，社旗山陕会馆

① 许檀：《清代山东周村镇的商业》，载《史学月刊》2007 年第 8 期。
② 曾亚东：《厉山镇山陕会馆小考》，见中国人民政治协商会议湖北省随州市委员会文史资料委员会编：《随州文史资料》（第 4 辑），1989 年，第 141 页。

馆首之一的党燕堂就是党家族人。但会馆毕竟是同乡商人的共同事业，会馆创立资金的主要来源是同乡商人的摊派捐银。河南社旗山陕会馆在乾隆四十七年（1782）修建春秋楼耗银7916.03两，共有408家商号参加了捐资活动。汉口山陕会馆建造费用亦是由"大众复会议定：凡两省字号在汉作贸易者及过往之货物，平允抽资，共襄善兴"① 而成的。四川自贡的西秦会馆，初建耗银50000两，系由当地的137家陕西盐商捐资而成，其中有一家捐银千两以上。广东佛山的山陕会馆在嘉庆年间第一次续修时，由191家商号捐抽厘头银汇聚而成，道光年间第二次续修时增至208家。其中，"复生义"号第一次捐银271两，第二次捐银277两；"西永泰"号第一次捐银73两，第二次为228两；"兴隆泰"号第一次为48两，第二次猛增为351两。陕西龙驹寨的船帮会馆是由过载的布匹中每匹抽银3钱修缮而成的。湖北荆州沙洋镇的山陕会馆规模很大，可驻军两个团。该馆的筹建资金来自每匹布抽两个制钱的"厘头金"。② 这种集腋成裘、铢积寸累的集资方式，把会馆与同乡商人的利益挂钩，使同乡商人人人参与会馆建设，突出表现了会馆的商人集团所有制性质。

河南周口山陕会馆《山陕会馆春秋阁院创修牌坊两廊看楼客庭工作等房铺砌甬道院落布施抽积银钱碑记》载："斯举也，共计费银二万两有奇，所从来者有二：一则出之于吾乡之铺户也……与嘉庆十四年挨行募化，量本金之大小为捐数之重轻，统计得银一万六千二百两。一则出之于吾乡之行商也……于嘉庆十四年仍循往例千钱抽一，至道光元年共得银一万二千九百

---

① 《汉口山陕会馆志》，光绪二十二年（1896）汉口景庆义堂刻本，第11页。
② 赵振业：《荆庄大布》，见中国人民政治协商会议湖北省荆门市委员会文史资料委员会编：《荆门文史资料》（第6辑），1990年，第196页。

两。"① 可见，抽厘派捐是工商会馆筹集创建资金的主要渠道。

第二，临时募捐。会馆建成后，利用庙会等活动向同籍商人募捐，是会馆获得日常经费的重要途径。汉口山陕会馆于光绪七年（1881）举行春秋楼的一次开光活动，"共收布施银 4708 两；共收开光费银 4708 两；共收筹捐银 210010.3 两。三宗总收银 249066.83 两"②，数量很大。社旗山陕会馆的一次"同乡大宗捐输"就获银 14930 两。

第三，定期收取同籍商人会员费，成为会馆日常经费的又一重要来源。如河南阜阳山陕会馆是"由来阜经商的山陕籍人士集资兴建的。学徒工每人每天一个铜钱，学徒三年以上者两个小钱，老板、经理每人每天六个小钱。每逢年终，逐店逐人按花名册收取"③。青海西宁的山陕会馆"按四季摊收会费，大商号每家每季度缴纳会费十二三两，小商号分定班次照常缴纳会费"④。

第四，吸收同籍商人的绝产。新疆奇台山陕会馆"对同人的遗产……会馆可予代管。原籍有人的，会馆负责将其遗产变卖，把款寄回原籍交其亲人，绝产则归会馆，作为公益之用"。山西会馆管理"山西同乡的绝产，财产相当雄厚"。⑤ 山西邹县山西会馆就是在柴姓商人捐献绝产的基础上重修而成的。

第五，对同籍商人的违规罚款。

这些筹资渠道保证了会馆丰裕的资金供应，使会馆财力雄厚，长袖善舞。在笔者检索到的山陕会馆资料中，尚未发现因会馆财力短绌而倒闭的史实。

---

① 许檀：《清代河南的重镇周口——明清时期河南商业城镇的个案考察》，载《中国史研究》2003 年第 3 期。

② 《汉口山陕会馆志》，光绪二十二年（1896）汉口景庆义堂刻本，第 26 页。

③ 周世中：《山陕会馆及其他》，见阜阳县政协文史资料委员会编：《颍州古今》（第 3 辑），1989 年，第 120 页。

④ 青海省图书馆编：《清末民初——1929 年建省前的西宁商业情况》，油印本。

⑤ 刘燕斌：《古城的会馆》，见中国人民政治协商会议奇台县委员会文史资料研究委员会编：《奇台县文史资料》（第 22 辑），1990 年，第 26、28 页。

第五章

明清时期山陕会馆的功能

在陕商大会的统筹下，山陕会馆的功能日臻完备，从最初的联乡谊、敬神麻、安故旅逐渐发展为议商事、厘行规、结人脉、保安康，是商人自律自治的社会团体，成为流寓客商在异地经商业贾的落脚点和出发点。

第一节　联乡谊、聚乡人是山陕会馆的基本职能

河南社旗山陕会馆《重修山陕会馆碑记》中指出，会馆的职能就是"叙乡谊、通商情、安故旅"[①]。流寓客商无论是中途周转，还是设市成廛，会馆成为他们投靠的首选落脚点，是他们在异地他乡的故乡家园。

明清时期，工商会馆的基本职能之一就是联乡谊，聚乡人。会馆以乡土亲缘为号召，将流寓客地的同籍商民汇聚在一起，客观上起着聚合劳动力的作用。正如北京《重建临襄会馆碑记》所言："会馆之立，所以联乡谊，笃友谊也。朋友居五伦之一，四海之内，以义相投，皆为兄弟。然同里井者，其情较洽，籍同里井，而于他乡遇之则尤洽。"

因此，会馆首先为流寓异地的商民提供了一个落脚容身之所。明人沈德符《万历野获编》卷二四《会馆》载："京师五方所聚，其乡各有会馆，为

---

① 河南省古代建筑保护研究所、社旗县文化局编著：《社旗山陕会馆》，文物出版社 1999 年版，第 117 页。

初至居停，相沿甚便。"乡亲里党关系在宗法制社会里表现为"出入相友，守望相助，饭食相招，资表比服"的亲情关系，会馆通过亲情联引而转化为安排同乡就业的市场中介组织。

郭灿东在《晋商西渡》一文中指出，酒泉"有了山西会馆，自然来酒泉的山西人就更多了。那时候通常在山西会馆内都住着几十号人，……他们最初靠会馆接济，年轻力壮者每天去发放什字（古代在此发放犯人）等雇主，卖苦力，待一找到合适的谋生去处，就离去了"①。苏州哔布染坊公所亦是，"自立之后，倘有失业诸司报明姓氏，竟向公所内几寄寓……俾生者自有容身之地"②。而且，在封建社会合族同亲的观念下，同乡商号乐于接纳同乡人在其间谋生，"亲不亲，同乡人"，同乡情谊使雇员对企业有一种特殊的感情。他们背井离乡，出外谋生，企业成为他们落脚的家，他们对这个家庭表现出格外的忠诚。在一个企业内部，雇员的这种亲和力是非常重要的，它使企业变得稳定，同时更具有竞争力。这便是会馆能够充当职业介绍所这一市场中介组织的内在原因。

工商会馆不仅为同乡提供就业机会，也为同乡提供创业资金。明清时期，工商会馆的会底银两转化为同乡创业资金，这是会馆为同乡创造就业机会的重要措施。工商会馆通过收取会费和经营生利产业，积累了大量剩余资金，即会底银两。光绪时，甘肃布政使恩麟卿向皇帝报告："陕甘富商巨贾，在川贸易各属地方，公建陕西会馆，历年积有会底银两，盈千累万为数甚巨。"③

---

① 郭灿东：《晋商西渡》，见穆雯瑛主编：《晋商史料研究》，山西人民出版社 2001 年版，第 540—541 页。

② 江苏省博物馆编：《江苏省明清以来碑刻资料选集》，生活·读书·新知三联书店 1959 年版，第 62—63 页。

③ 李允俊主编：《晚清经济史事编年》，上海古籍出版社 2000 年版，第 252 页。

而会底银两的一个重要去向就是为同乡提供创业资金。这有两种形式：一是会底银两作为公共资金，向会员提供资金帮助。当时工商会馆的一般惯例是："会馆的剩余款项，会员只要有相当的保证，便可借用，定利每月六厘，按期纳付，返还之时以五年为限。"①二是会馆将会底银两用于独立投资，经营商贸事业，进而将其转化为工商业资本。清末，包括晋陕会馆、陕西会馆在内的乌鲁木齐六大会馆就有规定："同乡人中有愿从事商业者，或从会馆'领东'，或与会馆合资，个人与会馆立有字约，部分盈余由会馆提取。"②乌鲁木齐著名的老药铺"凝德堂"就是由陕西华县李姓商人受领的陕西会馆的生意。"会底银两"无论是作为同乡互助金或是作为独立资本用于投资，都在客观上提供了更多的就业机会，使工商会馆作为劳动力市场的因素表现得十分明显。

工商会馆把开发同乡人际资源与经商谋利相联系，反映了明清时期商人观念的变化以及会馆功能的相应整合。工商会馆作为商人的同乡组织，以敦乡情、联桑梓为基本功能，这同当时的公车试馆、移民会馆的功能并无二致。但问题在于，明清时期的工商会馆使同乡联谊活动更多地带有商业运作的色彩和满足商务活动需要的新的时代特征，越来越具有商人俱乐部的市场化因素。清代，在北京的山西商人兴办的仙城会馆的碑记中已显露出商人对同乡联谊活动的经济思考："厥馆所由，李子曰：由利。乡人同为利，而利不相闻，利不相谋，则何利？故会之。会之，则一其利，以谋利也。"③

商人把设立会馆同谋求商业利润相联系，给会馆赋予了新的市场化功利色彩，深刻反映了明清商人在市场经济时代行将到来时敏锐的市场目光。苏

---

① 全汉升：《中国行会制度史》，百花文艺出版社 2007 年版，第 111—112 页。
② 昝玉林：《会馆漫记》，见中国人民政治协商会议乌鲁木齐市委员会文史资料研究委员会编：《乌鲁木齐文史资料》（第 8 辑），1984 年，第 83 页。
③ 李华编：《明清以来北京工商会馆碑刻选编》，文物出版社 1980 年版，第 15—16 页。

州《嘉应会馆碑记》则对此有进一步的认识："唯思泉贝之流通，每与人情之萃涣相表里。人情聚财亦聚，此不易之理也。矧桑梓之情，在家尚不觉其可贵，出外则愈见其相亲，无论旧识新知，莫不休戚与共，痛痒相关。"① 这就十分清晰地道出了同乡联谊活动与开发同乡人际资源、求财谋利之间的内在联系。"人情即商情，商情即人情"，说明明清时代的商人已给工商会馆的同乡联谊活动打上了深深的商业运作的社会变迁烙印，显示出商人把工商会馆的单纯同乡联谊活动向适应市场需要的商务联谊活动整合的趋势。

第二节　议商事、交流信息，同籍商人的商务活动之所

工商会馆作为工商行帮常设的办事机构，同帮商人在此集会，交流市场信息，计有无，权损益，制定各行价格，以指导市场的正常运作，是市场正常运营不可或缺的场所。北京《颜料行会碑记》指出："诸行之有会馆也，所以为评论市价。"② 佛山《重修参药会馆碑记》更加明确地说明，修建会馆是为了"吾明其信，人释其疑。主客交孚，民物允赖"③，进而保证市场的正常运营。湖北应山县陕西会馆《会议布帮条规》"公议庄码价目"条规定："开

---

① 苏州历史博物馆、江苏师范学院历史系、南京大学明清史研究室合编：《明清苏州工商业碑刻集》，江苏人民出版社 1981 年版，第 350 页。

② 彭泽益主编：《中国工商行会史料集》，中华书局 1995 年版，第 11 页。

③ 广东省社会科学院历史研究所中国古代史研究室、中山大学历史系中国古代史教研室、广东省佛山市博物馆编：《明清佛山碑刻文献经济资料》，广东人民出版社 1987 年版，第 142 页。

庄之后，犹于逐月朔望两日，齐集公所酌起跌，不准私行开价。"①而湖北沙市的十三帮公所对这种会馆挂牌开市的市场运作制度有更具体的规定。包括山陕商人在内的十三帮商人，共同推举总会首一人，办公的地方在旃檀庵十三帮公所，"当时各行各业的物价也由十三帮掌握和控制，……各行业的货物涨价，要写一个议单，到旃檀庵张贴，并演半本或一本戏，戏一唱，就算通过了"②。这些充分说明，工商会馆成为市场运营的重要组成部分，市场化倾向已十分明显。

工商会馆作为固定的办公场所，在会馆召集众商评议市价，沟通商情，制定行规业律，制裁不正当竞争行为，以保证本帮商人业务在客地的正常发展，这是它作为商帮常设机构获得巩固和发展的主要原因。如陕西丹凤龙驹寨的船帮会馆和驮帮会馆，就是为了摆脱牙行的阻挠和制裁不正当竞争行为而创建和发展起来的。明代龙驹寨"水走襄汉，陆入关辅，千户成廛，万蹄通货，巨镇也。古维任民投之，往来熙攘，后……百姓收客为牙，稍征逐未以备行户，嗣又以争利构讼，希令图赖"，严重干扰了市场的正常秩序，迫使船户、脚夫以会馆为依托，告议官府，"申元任客投牙，每小船抽银一千，头区三分，刻石为令"。③ 又据该会馆现存的《铝铜脚价古例碑》载，由于奸商张善"万恶横恣，飞扬影撤……给钱而不给银"，使脚夫骡客"狼狈含冤"，后朝邑、咸阳等六县骡客通过会馆集议，联合行动，制裁张善，迫使其交出侵吞钱财，并勒石为记，保证了过载业务的正常开展。河南社旗山陕会馆的设立也是因为"赊旗店四方客商集货兴贩之墟,原初码头买卖行户有数家,年来人烟稠密,开张买卖者二十余家,期间即有改换戥称大小不一者,独往其利"。为了维护公平买卖的市场秩序,"合行商贾会同集头等,齐集关帝庙,公议秤足十六两,戥依天平为则,……公议之后不得暗私戥秤之更换。犯此者罚戏三台,如不遵者举秤禀官究治"①。以上记载充分表明了会馆在整顿市场秩序、维护正当竞争方面所发挥的积极作用。

会馆通过厘定行规会律而成为市场的管理者。明清时期,政府对经济活动采取自由放任政策,没有相应的商法保证商人的正当利益。在这种情况下,会馆承担起管束同籍商人的任务,通过制定行规业律,将同籍商人的活动纳入规范化运作的轨道。因此,会馆一个重要的功能就是邀集行户、聚会议事、厘定帮规行律。对此,各地资料记载很多。宁夏固原秦晋会馆有乾隆年间建馆的铁碑,碑文曰"盖此馆当为商议事处"②。《申报》说,汉口众商设立会馆也是为了"议规整条"。甘肃临夏山陕会馆规定"对外事务也全由两商在会馆内开会决定"③。在重庆,包括陕西会馆在内的八省会馆规定,确立和修改帮规须邀集行户并山客等于府庙公议。河南社旗山陕会馆《同行商贾公议戥秤定规概》规定,行规由"各行商贾,会同集头等,齐集关帝庙,公议"④。所以,制定行规业律成为会馆的主要日常工作,几乎每个山陕会馆都有行规

---

① 张正明、科大卫、王勇红主编:《明清山西碑刻资料选》(续二),山西经济出版社2009年版,第340页。

② 彭泽益主编:《中国工商行会史料集》,中华书局1995年版,第732页。

③ 刘圃田、秦宪周:《山陕商人在河州经营土布始末》,见中国人民政治协商会议甘肃省临夏回族自治州委员会文史资料研究委员会编:《临夏文史资料选辑》(第2辑),1986年,第37页。

④ 张正明、科大卫、王勇红主编:《明清山西碑刻资料选》(续二),山西经济出版社2009年版,第340页。

业律的勒石碑刻，摘要如下：

自贡《西秦会馆关帝庙碑记》刻有行规，包括："（1）加强本帮团结，抵制外帮捣乱。（2）对内不挖墙脚，遇事开会商量。（3）严于律己，不说他人坏话。（4）会员业务上有困难，同行应予以协助……（5）一家吃不了的业务，可多户联营承接，盈亏共同负责。"①

甘肃武山滩歌镇山陕会馆的一块石碑记载了会馆整顿盐业市场，规定："不准私买卖食盐，派乡保查询。有违反通报各盐行同仁并送官府惩处。如有开新店，须交公银 12 两，每升盐出钱一文，施为会馆焚修香火之用。如停业不开，所为余盐以行价照卖同行，不准任意卖于他人。"

河南社旗山陕会馆有《同行商贾公议戥秤定规概》规定："秤足十六两，戥依天平为则，庶乎较准均匀，公平无私，俱各遵依。"②

河南社旗镇杂货行专门制定《会议杂货行碑记》，碑文写道："买卖不得论堆，必须邀亲过秤，违者罚银五十两；不得在门外拦路会客，任客投至，违者罚银五十两。"

这些行规业律是俗例而非官例，是私禁而非官禁，体现了山陕商人对市场交易规律性的认识，表现了他们的职业自觉和自律敬业精神，反映了他们对诚信市场规则的诉求。

会馆议商情、涉商务的管理功能，还表现在评议市价、均平度量、调解纠纷、沟通信息等方面，以此来保障商贸活动的正常进行。会馆既为"经营交易不可缺之所"，通市情、议商事是其基本职能。《鄞县通志》指出，各省

---

① 郭广岚、宋良曦等：《西秦会馆》，重庆出版社 2006 年版，第 41 页。
② 张正明、科大卫、王勇红主编：《明清山西碑刻资料选》（续二），山西经济出版社 2009 年版，第 340 页。

商人资力雄厚者建立会馆，就是为了"公举董事主首掌理评议经济之诸务"。这些"经济之诸务"举凡要者有二。一是评议市价。因为，齐价保商成为会馆的主要职能。上海《江西会馆兴建碑》说，所以建造会馆，就是因为"窃生等籍隶江西，在治为商为贾，每逢运货到上，价值参差不一，以致各业难以获利。缘无集议之所，是以同乡共业，不能划一。生等虽市廛，谊属同乡，故作首举义倡，邀集同都妥议，劝捐购基，以便起造会馆，将后条规有赖。凡在同乡贸易，不致涨跌参差"①。统一度量是会馆的另一重要职能。由于会馆"事从公论，众有同心"，因此它颁发的度量标准具有公平性和权威性。河南社旗山陕会馆就专门厘定有《同行商贾公议戥秤定规概》，便"同行有和气之雅②"。湖北利川县山陕会馆的"斗市"，成为全县统一标准，"县并无牙行，唯关庙设有斗市③"。苏州的枣商做生意以会馆的官制为准，"枣客载货到苏，许有零贴官牙领用会馆烙印官斛，公平出入，毋许妄用私秤，欺骗病商"④。

会馆议商事、涉商务的管理功能，还表现在维护同籍商人整体利益方面。会馆与官府牙行曲折斡旋，保护了同籍商人的合法利益，维护了商人的正当权益。中国传统社会重农抑末，官商不相交接，商人社会地位低下，惧怕官府、避见街吏，在遭遇官府的横征暴敛、敲诈勒索时常常因势薄力单而忍气吞声。在这种情况下，会馆代表同籍商人的整体利益，与官府斡旋谈判，"挥消衅隙，保全实多"。这可从陕西丹凤船帮会馆所存的《铅铜脚价古例碑》得

---

① 上海博物馆图书资料室编：《上海碑刻资料选辑》，上海人民出版社 1980 年版，第 335 页。

② 张正明、科大卫、王勇红主编：《明清山西碑刻资料选》（续二），山西经济出版社 2009 年版，第 340 页。

③ 《（同治）利川县志》卷四《杂税》。

④ 江苏省博物馆编：《江苏省明清以来碑刻资料选集》，生活·读书·新知三联书店 1959 年版，第 188 页。

到证明。该碑记载："龙驹寨距省417里，实系秦楚咽喉……铅铜之运……朝廷旧例，凡铅一运，计数35万斤，每50斤为一块，三块一驮，一驮百里，给纹银二钱，417里共给银8钱3分4厘……其于民也不谓不厚也。"后因个别奸牙为利润所驱使，"诅意奸行……鲸吞归己"，其中尤以张善"万恶横恣，飞扬影撤……给钱而不给银"，以致众脚夫"狼狈含冤"。为整顿市场秩序，朝邑、咸阳、蓝田等众驮客集聚会馆，呼吁对张进行制裁，并由会馆代表众骡客"蔓延诉讼"，迫使张善将侵吞的银两吐出来，"依照从前以银钱各半，由张善又交行内给发"，并立碑二石，"俟后之豪杰英俊，匡我不逮者兴甚"。再如嘉庆十九年（1814），洛阳官府提高对潞泽梭布的税收，引起山陕商人的不满，遂以会馆名义告至河南布政使处，布政使责令河南知府评查，历时一年，最后会馆胜诉，"照准奏册完税，制止苛征"，并在潞泽会馆勒石志记。

第三节 秀故土、昭文化，张扬经济实力的展示之所

一、会馆是客帮商人在异地张扬本土文化的物象标志

会馆是客帮商人在异地为自己构造的家园，是他们寄托乡情的情感符号和张扬本土文化的物象标志。会馆浸润着浓郁的本土文化特色，是飘零异地的客商心头永驻的情感归宿和灵魂慰藉。

山陕会馆浸润着浓郁的山陕文化特色。山陕川原秀错、天地宽阔，各地民居以土木结构的一进式或两进式四合院为主，商人从小便生活在这个恬静

的天地中。因此，山陕商人在建造会馆时便将家乡的四合院活脱脱地搬到了异地他乡，各地的山陕会馆一律由山门、照壁、钟鼓楼、东西厢房、大殿、配殿、春秋楼构成，一律的绿瓦赭墙，一律的水磨砖砌墙，其琉璃砖瓦所用的瓷土都是用骡马从陕西和山西驮来的。明清时期，山陕会馆的基本形态可以从自贡西秦会馆略见一斑。

自贡西秦会馆背依自贡龙凤山，在长80米的轴线上，依次建造了武圣宫大门、献技、大观、福海诸楼、大丈夫抱厅、参天奎阁、中殿和正殿；轴线两侧，依次对称建造了金镛、贲鼓二阁，左右客廨，神庖，内轩等，通过山墙和廊楼的环绕与衔接，有机地组合成多层次的复合式建筑群体。从武圣宫大门进入西秦会馆，是一个宽敞的大坝，由石板铺成，名为天街，面积约800平方米。以天街为中心，献技、大观、福海诸楼与大丈夫抱厅南北相望，金镛、贲鼓二阁东西对峙，其间以廊楼相连。武圣宫大门和献技诸楼，从前向后望去，自成一体，但从基座到屋顶却又穿插交错，形成一座不可分割的复合建筑。宽约32米的武圣宫，重檐歇山屋顶达四层之多，下面三层断开，化作两翼飞出，檐角成行，依次加宽。献技诸楼屋顶的基本结构为两个歇山屋顶重叠，并与武圣宫屋顶连成一体，而在屋顶紧靠正脊处，又加建一个六角攒尖屋顶，其后两角则嵌进歇山屋顶，组成牢固的复合结构，在外形上构成一个嵯峨雄奇的大屋顶。复合屋顶下，环列24个檐角，起翘修长，参差起伏，尖角如林，造型奇特。武圣宫与献技诸楼由22根浑圆的石柱和众多的梁枋组成坚实的框架，承受着大屋顶的重量，其中两根最长的大石柱，拔地而起，直贯四层。这座复合建筑的一层为进入西秦会馆的通道；第二层献技楼单向天街，舞台正对抱厅；第四层福海楼则以高窗面向大街；第三层大观楼下接"献技"，上承"福海"，贯通前后。这样，楼身虽为四层，但前后望去均为三层建筑。

天街东西侧廊楼中部所建金镛、贲鼓二阁，原为鸣钟南海鼓之处，形制和结构完全相同。由天街两侧拾级而上，便是大丈夫抱厅。这是一座五开间的横向敞厅，高出院坝 2.2 米，左右两端与东西廊楼相接。抱厅正前方为一石筑月召，为显贵绅商看骊之所在。穿过大丈夫抱厅，登上石级，太平池上建有一座单孔石桥，参天奎阁便建在桥面上。阁高 12 米，六角攒尖屋顶，四重檐，内饰藻井，垂脊曲折圆和，檐角高昂挺拔。这里前是抱厅，后为正殿，左右各设屋廨，建筑群高度密集。参天奎阁后角柱与中殿内柱仅距 1.6 米。设计者巧妙地使檐角起翘时刺破中殿前檐，造成两座独立的建筑在空间上穿切的现象。同时，用参天奎阁下的石桥把水池一分为二，辟出各 20 平方米的空间，形成密中见疏、错落有致的布局。

中殿紧接参天奎阁，单檐结构，七柱落地，层高 6 米，面阔 25 米。进深 10 米，中无隔墙，宽沿空阔。左右两壁嵌木，记述西秦会馆建造缘起、扩建经过、体制和规模。中殿之上为道光七年至道光九年（1827—1829）扩建的正殿，建于会馆最高处。殿分两层，较中殿阔，其面积与高度均为全馆殿阁之冠，关羽和陪祀诸神被供奉在这里。

西秦会馆建筑华丽，装饰有大量精美的木雕、石雕、彩绘和塑像。木雕大多用梁架、斗拱、额杭、挂落、垂花、雀替等建筑细节，并集中于献技诸楼和金镛、贲鼓二阁的楼沿栏板之上。木雕数量众多，遍布全馆，仅不同面貌、神情、形态和服饰的人物就有 500 多个，大者盈尺，小者寸许。献技楼和金镛、贲鼓二阁的楼沿木雕栏板共长 22.3 米，宽 60 厘米，这三层栏板上刻有人物 350 余个，还配置了大量福寿喜、山川木厂、屋宇车马、花草虫鱼等雕件。栏板木雕分上、中、下三层，分割为大小不等的 208 幅画面，描写和刻画了 34 个历史故事，宣扬了以周礼为主脉，以忠孝、礼义为内容的儒家文化，张扬着陕西历史悠久、文化发达的价值取向。

二、 会馆是商人张扬本土经济实力的场所

明清时期，最能代表陕西会馆或山陕会馆文化特点的是会馆门前的铁旗杆，它是区别于其他商帮会馆的重要标志，单纯的山西会馆则没有这种标志。著名者有：河南社旗山陕会馆门前的一对铁旗杆，重5万余斤；河南唐河县源谭镇陕西会馆门前的一对铁旗杆，高17.5米；河南周口山陕会馆门前竖立着一对铁旗杆，耸立云霄；湖北老河口山陕会馆门前有万斤铁铸盘龙旗杆；湖北汉口山陕会馆有三斗铁旗杆，与门楼等高；河南潢川陕西会馆又称"三义观"，门前有铁旗杆一对，还被称为"三义观铁旗杆会馆"；河南开封山陕甘会馆门前铁旗杆的竖立年代比社旗山陕会馆还早；湖北随州厉山镇山陕会馆门前的一对铁旗杆，高5丈，重2300余斤；安徽亳州山陕会馆门前有蟠龙铁旗杆一对，高16米，五节三斗，重25000余斤；四川成都陕西会馆于嘉庆二年（1797）铸铁旗杆一对，竖在正殿门前，恢宏无比。

各地山陕会馆的铁旗杆，尤以河南社旗山陕会馆的铁旗杆最具代表性。该铁旗杆是清嘉庆二十二年（1817）铸，由旅居社旗的陕西同州府商人共同捐资3000余金而建立，高17.6米，重5万余斤。杆基高1.2米，有长1.03米的青石须弥座。座上的铁狮东雄西雌身躯硕健，昂首挺胸而立。旗杆分为五段，第一段为铸铁楹联处，楹联曰"浩气千秋照日月，英灵万古振纲事"；第二段分挂"大义""参天"，合为一横批；第三段分铸两条苍劲腾飞的蟠龙；第四段杆身之间设云斗，下云斗侧镂刻"寿"字吉祥纹样，上云斗则镂作金钱形，表达商人希冀财源广进的愿望，云斗下挂风锥，上四角插旗；第五段旗杆顶端做关羽所用之青龙偃月刀状。旗杆凌空直插云霄，故被世人称为"霄汉铁旗杆"，增添了会馆庄严雄伟的气象。

　　山陕会馆门前的铁旗杆，既从物质层面展现了清代陕西作为全国冶铁中心的优越地位和精湛的铁器铸造技艺，又从文化层面反映了陕西商人厚重质直、气冲霄汉的人生品格，在异乡的土地上显示了他们失落的故土情结，张扬着他们追求财富的梦想。

　　清代陕西是全国主要的冶铁铸造中心。秦巴山内丰富的铁矿资源使陕西的冶铁业自清代以来有长足发展。凤县黑河沿河遍设冶铁炉，"大厂常川二三千人，小厂亦数百人"，故被称为"铁炉川"；留坝的光化山有不少铁厂，熔铁为锅，运销西北，其他如略阳的锅厂、定远的明洞子、镇安的洞沟、旬阳的骆家河，均为产铁之地。火爆的冶铁必然带动铁器铸造业的发展。华阴的柳子镇就有千家铁铺，所制的刀箭剑戟全国闻名；朝邑安仁镇也是铁业名匠云集之地，他们子承父业，世代相继，传承着铁器铸造的精湛技艺。全国各地的陕西会馆或山陕会馆中的铁旗杆，均出自陕西名铁匠之手。如社旗山陕会馆中的铁旗杆，就是朝邑安仁镇"金火匠人双合炉院"[1] 的能工所制；随州厉山镇陕西会馆中的铁旗杆是由"陕西同州府徐福长祖孙七人"合力铸造。各地陕西会馆或山陕会馆门前巍然屹立的铁旗杆，向世人展示了陕西高超的铁器铸造技艺和雄厚的经济实力。陕西商人在流寓之地，不惜重金竖立铁旗杆，正是为了从物质层面展现乡土文化的优越性。

　　同时，陕西会馆或山陕会馆门前的铁旗杆，又以其物质表象向世人宣告了山陕商人的价值理念和文化追求。旗杆上耸入云端的铁龙，向世人宣扬了山陕作为龙的故乡，希冀中国龙腾飞的铁血之心；昭示着山陕商人作为龙的传人，为实现中国龙的腾飞坚贞如铁、不屈不挠的奋斗精神。旗杆上的钱形

---

[1]　河南省古代建筑保护研究所、社旗县文化局编著：《社旗山陕会馆》，文物出版社 1999 年版，第 37 页。

方斗，勇敢地向世人昭示了山陕商人追求财富的价值取向。在封建社会重农抑末、君子不言利的社会风气下，山陕商人公然把追求财富作为自己的人生目标，高举着"拜金"的钢铁旗帜，这是十分大胆的举动。它同15世纪英国重商主义者宣告追求财富是资产阶级的历史使命有惊人的相似之处，表现了中国商人欲冲破自然经济和封建伦理道德的时代风貌。这种骇世惊俗、张扬时代精神的举动，只有厚重质直、轻生重死的山陕商人才能够表现出来。

陕西会馆门前的铁旗杆还是陕西商人经营意识的体现，是实物广告的经典范例。春秋战国时期，中国最早出现的广告，即酒家前"悬帜甚高"，而"悬帜"就必须有旗杆，会馆门前的铁旗杆正是这种悬帜广告的历史延续。而陕西商人的创新之处在于，把悬帜广告与中国楹联文化结合起来，两支旗杆上用铁字铸就一副楹联，中间悬挂横批，动静结合，虚实相间，使悬帜广告更具有中国传统文化的无穷意蕴，这从另一方面表现了陕西商人儒商的文化品位。明清时期，在各地会馆林立的情况下，唯独陕西会馆或山陕会馆门前有一对铁旗杆，这本身就表现了山陕商人独树一帜的创新意识，铁旗杆成为陕西会馆或山陕会馆的重要标志。人们一看到铁旗杆，就自然会联想到陕西会馆或山陕会馆，许多会馆干脆被人们称为"铁旗杆庙"，给人留下深刻的印象。

陕西会馆或山陕会馆门前的铁旗杆，既是陕西商人文化取向的标志和象征，又是向世人宣扬陕西高超铁器铸造技艺和雄厚经济实力的一件杰作。

第四节　祭神灵、从教化，精神灵魂的寄托庙堂

　　工商会馆的神灵崇拜既寄托着流寓商人对故乡的怀念，又糅杂着他们对市场风险的恐惧和对发财致富的期盼。这使其祭拜神灵活动有着不同于一般神庙祭祀活动的复杂内容。

　　工商会馆的乡土神祭拜，寄托着客居异乡的商人浓郁的故乡情结。北京《正乙祠碑记》记载了流寓客商的苦状："商贾江湖，以阜其财。而其又次者则操其赢，权子母，以博三倍之利。逐所便易，则不惮涉山川、背乡井，往往远至数十年而不返。"① 纪昀《阅微草堂笔记》进一步证实了山陕商人的漂泊之苦："山西人多商于外，十余岁辄从人学贸易。俟蓄积有资，始归纳妇。纳妇后仍出营利，率二三年一归省，其常例也。或命途蹇剥，或事故萦牵，一二十载不得归。甚或金尽裘敝，耻还乡里，萍飘蓬转，不通音问者，亦往往有之。"② 这种身在异乡的人生境遇，使商人每每把祭拜本地乡土神作为化解乡愁、寻求心灵归属的精神寄托。

　　工商会馆的神灵崇拜使商人对市场风险的恐惧得到释放。恐惧是迷信赖以产生、存在和保持的原因。市场经济是风险经济，商情莫测，逆顺难料，特别是对久羁逆旅、远别家乡的客商来说，人地生疏、四处漂泊更增添了生活的不安全感。他们通过神灵崇拜来释放对此岸世界的恐惧，心存对彼岸世界的向往。河南沁阳山陕会馆《重修关帝庙碑记》对商人祭拜神灵的化险去

---

① 李华编：《明清以来北京工商会馆碑刻选编》，文物出版社 1980 年版，第 10 页。
② 〔清〕纪昀：《阅微草堂笔记》，巴蜀书社 1995 年版，第 515 页。

灾需求说得很透彻："商贾抑去父母之邦，营利于千里之外，身与家相睽，财与命相关，祈灾患之消除，惟仰赖神明之福祐，故竭力崇奉。"①

明清时期出现的工商会馆，是以地域乡缘关系为纽带所形成的商帮办事机构和标志性建筑。商帮作为地域性行会组织，包容了同籍商人不同从业帮口。汉口山陕会馆就"萃十帮之众"。社旗山陕会馆则包括盒茶社、蒲茶社、众票帮、陕西药帮、西烟帮等数十个帮口。周口山陕会馆包括杂货行、麻行、油行、丝行、布行等15个帮口。这些不同的工商业帮口常常通过祭拜行业神来整饬行业行为，规范市场秩序，以达到敬业乐群的效果。因为中国封建社会官府对工商业采取自由放任政策，商人从事贸易无成法可依，只得靠神灵来惩治不正当竞争行为，维护正常竞争。北京《重修正乙祠整饬义园记》就指出，商人之所以敬神麻就是"人无论智愚，未有对明神而敢肆厥志者"②。四川宣汉县《重修禹王宫碑记》也指出，会馆之所以各祀其乡之神，就是"慎人心之不齐，或又相欺相诈者，因质诸神明以为凭"③。四川《什邡县志》卷七《风俗》对会馆求神拜佛的发展规律总结为："清康雍乾时代，各省人来什者先建设会馆，增修寺观，创立神会，复购置田房收租金，为演剧、酬神、爨献之用。迄道咸同光时庙产益富，神会益多，至光绪中极盛。"

正因为工商会馆对神灵崇拜有更多的市场诉求，所以它的神灵崇拜既呈现出对天下共神的祭拜，又有对行业神和乡土神祭拜的多样化特点。这主要表现在：

第一，山陕商人对关羽的崇拜，充分反映了流寓商人对国家共神、乡土

---

① 《沁阳县志》，道光四年（1824）刊本。

② 李华编：《明清以来北京工商会馆碑刻选编》，文物出版社1980年版，第14页。

③ 《（民国）宣汉县志》卷三。

神、行业神共同祭拜的多样化、综合性特点。

关公坚毅果敢、忠贞不二的品格，自古以来受到统治阶级的褒扬，明清两代更是将关公推崇到国家正神的至高地位。关公宋封侯、元封王、明封"关圣帝"，清更被封为"忠义神武关圣大帝"，并规定关庙规格享受帝王待遇，正殿及大门"易绿瓦为黄"，与皇宫同色，还下令"各直省州县建祠设像，守土官吏时展谒典礼"，使"南极岭表，北极塞垣，凡儿童妇女未有不震其威灵者，香火之盛，将与天地同不朽"。对关公的崇拜成为封建国家意识的象征。自贡西秦会馆大拜殿前的一副对联写道："钦祭历有唐有宋有元有明其心实惟知有汉，徽号或为王为侯为帝为君当日只不愧为臣。"《汉口山陕会馆志》中把山陕商人祭拜关公，宣扬仁、义、礼、智、信的统治阶级意识的功能表述得很明白："夫子读麟经深明大义。故身虽陷贼，志百折而不回，以刘豫州分困君臣而恩，则如手足，千古君臣相得无有逾君……今秦晋商人……体夫子之心，以事君则忠臣也，以事父则孝子也，以敬先则悌弟也，以交友则良朋也，言心忠行，行心笃敬。"[①]

关公又是山陕商人的乡土神，对关羽的崇拜寄托了山陕商人对家乡的幽思。关公是山西人，陕西是关公改姓之地，因此山陕商人与关公有乡土亲缘联系。"官爱官，民爱民，关老爷爱的蒲州人。"关公祭拜成为联系同籍商人的纽带，它将同籍商人紧紧地团结在会馆周围，增强了各自在客地的竞争力量。诚如河南《南阳赊旗镇山陕会馆铁旗杆记》所言："赊镇……山陕之人为多，因酿金构会馆。中祀关帝君，以帝君亦蒲东产，专庙貌而祀加虔。"[②]

---

① 《汉口山陕会馆志》，光绪二十二年（1896）汉口景庆义堂刻本，第11页。
② 河南省古代建筑保护研究所、社旗县文化局编著：《社旗山陕会馆》，文物出版社1999年版，第217页。

关公忠贞义气、讲信修睦的人格力量，又是山陕两省商人结盟的思想基础。社旗山陕会馆大拜殿前的一副对联就表达了这种认识："浩气已吞吴并魏，麻光常荫晋与秦。"《汉口山陕会馆志》对此有详细说明："山、陕古秦晋姻好之国。地近而人亲，客远而国亲""缅维汉口镇之旧有山陕会馆也，所以联两省之乡情，动四方之瞻礼"。① 但也有例外。当山陕商人联合设馆时，他们共同祭拜关公为乡土神，如 1884 年山陕商帮在乌鲁木齐设晋陕会馆，共同祭拜关公；但当 1917 年山陕两帮分化，陕西商帮另建陕西会馆时，则供周文王、周公为乡土神，而山西会馆供奉的仍是圣武关公。奇台陕西会馆亦供文武成康诸王，时北疆小城玛纳斯的陕西会馆亦供奉文王、周公。这说明，山陕商人在乡土神的选择上存在着文化差异。

关公是山陕商人供奉的行业神。关公除了具有商人最应具备的品格外，还有算术头脑，发明了"记账法"。相传关公挂印封金辞曹时，留下一封账单，设有"原、收、出、存"四个题目，把曹操赐送的各种财物详细登记，其项目设计十分科学，开商业记账之先河。因此，晋以来，关公"被人视为武神、财神及保护商贾之神，人遇有争执时，求彼之明见决见"。山陕商人多以关公为行业保护神，极力供奉，以保佑自己实现赚钱发财的愿望。

正因为关公对山陕商人来说具有天下共神、乡土神和行业神的多重性格，所以各地山陕会馆多以关公为主祭之神，山陕会馆亦被称为"关帝庙"。

第二，山陕商人除主祭关公外，另在会馆大殿左右的配殿中祭拜各自的行业神。

明初以来，山陕商帮靠向边疆贩运粮食起家，服牛格马、周流天下是行商本色，行栈运输业在山陕商帮中占有重要地位。因而，山陕会馆多祭祀马

---

① 《汉口山陕会馆志》，光绪二十二年（1896）汉口景庆义堂刻本，第 11 页。

王爷，以祈求道路平安，人畜兴旺。同时，商人背井离乡、异地经商不外是为了赚钱发财，"天下熙熙，皆为利来，天下攘攘，皆为利往"，故而，在祭祀关公的同时，常以财神赵公明为祭拜对象，以谋求经营逐利、财源不涸。山东聊城山陕会馆财神殿前的一副对联，真切表达了山陕商人的这种愿望："位津要而掌财源，万里腰缠毕至；感钱神以成砥柱，千秋宝载无虞。"另外，陕西为西口药材的主要出产地，陕西岷州的枸杞、凤县的党参、泾阳的大黄都是全国著名的大路药材，药材帮在山陕商帮中占有重要地位，在西部各地做药材生意的以山陕商人为多，加之药王孙思邈是陕西耀州人，因此，山陕会馆又多祭祀药王。而自明清以后，在山陕商人的推动下，兰州水烟业作为新兴产业迅速兴起。贩运水烟的主要是山陕商人，水烟袋的制作又带动了铜锡业的兴起，因而水烟和铜锡制造业的行业神火神成为山陕会馆祭祀的对象。此外，各地山陕会馆根据所处地理位置不同和从事行业不同，祭祀不同的行业神。如河南上蔡地处黄河岸边，为求河神保佑山陕商人渡河平安，该地山陕会馆东殿供黄河大王。河南周口做酒曲生意的山陕商人不少，故周口山陕会馆又专庙供酒神。河南正阳从事厨艺和粮食业的山陕商人很多，该地山陕会馆又专祭灶君。北京河东会馆为山陕钢铁商人的专业会馆，馆内又专祭作为炉神的太上老君。所有这一切，使得山陕会馆的神灵崇拜呈现出多样化局面。

第五节　设义地、厝死者，为本籍商人提供社会保障

在中国封建社会，面对官府贱商勒索、牙人趁势敲诈、道路土匪不靖、经营逆顺难料的社会环境，一般中小商人仍属弱势群体，他们艰难求存，破

产歇业、客死他乡时有发生，各地工商会馆设义地或瘗旅公所收葬异乡孤魂，正是封建商人经营艰难的写照，同时体现了会馆为同籍商人提供乡缘关系范围内的社会化保障和对商人生命的终极关怀。

在封建社会重农抑末的大环境下，商人的经贸活动得不到官府的支持和保护，一般中小商人为生活所迫，行商远贾，充满了不易和艰辛，要经历诸多的苦难，概括起来有：

一是离家之苦。在封建社会男耕女织、安土重迁的自然经济下，商人挟资江湖、客外经营，首先要面对离乡背井、抛妻别子的人生苦难，这种勇气是一般安守家园的小农所不具有的。嘉靖《朝邑县志》卷二指出："秦民皆力农，朝邑颇事贾""贾者背井又或负担债辇重，不辞劳苦"。成书于清代的市井小说《歧路灯》则借陕商闫相公之口，诉说商人离家之难："生意人……来贵省弄这个钱，少不得吃尽辛苦，奔走道路，食粗咽粝，独床独枕的过。每逢新年佳节，思念父母妻子，夜间偷哭，各人湿各人的枕头。"①

二是经营之苦。市场经济乃风险经济，经营逆顺难料，市场风云不测。加之行商客地经营，语言不通，风俗不谙，经营失败者大有人在。有研究表明，明清之际经商的山西人中，"经营衰败，则是普通的现象"。陕商因"食盐开中"和"随军贸易"政策变化导致的经营失败也时有发生。明人韩邦奇说：成化初，西边用兵，官府贷金给商，"购粜宽限，以召商人。人争趋之……逾年征粜以年之稔也，倍其数且输之边，死徙者殆百家。后部粮甘肃，众以官值易布冀，规厚利……抵肃而兵殷用急，部使者比仗日且二三四，边一时不能贸易，有司督并妻子捶楚无完肤，至破家以偿"②。明代为助边防，

_____

① 〔清〕李绿园：《歧路灯》，华夏出版社 1995 年版，第 448 页。
② 〔明〕韩邦奇：《四库全书·苑洛集》卷七，上海古籍出版社 1995 年版，第 22—23 页。

召山陕商人随军贸易，但"及大军既撤，仅留守戍官军，食口既少，则所需不繁，货价大减……商贾为之色沮，落魄失业者，比比皆然"①。清后期，市场风险进一步加大，贫富不定，高下失均，各自张皇，山陕商人破产歇业者俯拾即是。陕西三原商人周双柏，世代为商，"祖俱贾直隶东光县，父贾无天幸，尽废母钱又负债以数百计"②。长安商人杜子春在扬州做盐商，积累了"万万贯家资，千千顷田地"，后因经营失败"金银搬光，屯盐卖完"，落了个"衣服凋敝，米粮大缺"的结局。③ 陕西商人王君"独游河滨，见一他乡少年将投水者。急止而询之，则为主库者，收得债百金，不幸遗失"④，故欲投河自尽。这是"能者辐辏、不肖者瓦解"市场规律发挥作用的常见现象。

三是亡命之苦。商人远出经营，风餐露宿，孤苦伶仃，病死的，因经营不顺上吊、投河的更是司空见惯。汉口山陕会馆《重修瘗旅公所碑记》就指出："我山陕之人寄此汉江之地，不远千里，本冀锦旋。讵料无常，忽遭落魄，虽存亡有数为斯世之常，然而骸骨无栖，觉此心之难忍。"⑤

凡此种种苦难说明，在中国传统社会重农抑商的体制下，一般中小商人作为社会弱势群体，财产、性命无安全保障，"生死有命，富贵在天"成为商人的无奈叹息。面对这种不利的社会条件，商人只好以乡缘关系为纽带，抱团自救，设会馆为自己的经贸活动提供有组织的后援保证，从而实现伤有所疗、老有所养、死有所葬。明清时期，工商会馆的瘗旅公所、义地正是在这样的社会背景下出现的。

---

① 〔清〕纳兰常安：《行国风土记》。
② 〔清〕孙枝蔚：《溉堂集》卷四。
③ 〔明〕冯梦龙：《醒世恒言》，燕山出版社 2009 年版，第 658—659 页。
④ 《兰州府志》卷一二。
⑤ 《汉口山陕会馆志》，光绪二十二年（1896）汉口景庆义堂刻本，第 47 页。

明清时期，流寓异乡的商人合资兴修会馆的直接动机之一，就是解决孤身于外所面临的疗、伤、归、葬等问题，为自己的异地经贸活动提供有组织的安全保障和稳定的心理依靠。对此，汉口山陕会馆《重修瘗旅公所碑记》有明确记载："汉口山陕会馆建有泰山庙，西为瘗旅之所，为厝枢之所，更置义地一区，在汉阳七里庙地方。良以两省之人贸易于斯者盈千累万，疾病死亡在所难免。有义阡以埋葬，有公所以行枢，并取费资以展时祀。"① 聚生人、厝死者成为工商会馆的日常功能和重要任务。在笔者检索到的全国各地山陕会馆资料中，有福地、瘗旅公所、义园文字记载的会馆有 22 所。兹列表如下：

表 5 - 1　山陕会馆福地、瘗所、义园统计表

序号	地址	会馆名称	福地、瘗所、义园概况	资料出处
1	北京	渭南会馆	建于康熙年间，有附产三处	胡春焕、白鹤群：《北京的会馆》，中国经济出版社 1994 年版
2	北京	延安会馆	有附产一处	
3	北京	泾阳会馆	有附产	
4	北京	三原会馆	有附产六处	
5	北京	大荔会馆	有附产一处	《大荔县志》卷四
6	北京	汉中会馆	在北极菴有附产	胡春焕、白鹤群：《北京的会馆》，中国经济出版社 1994 年版
7	北京	关中会馆	在九天庙有附产	
8	北京	韩城会馆	在九天庙有附产	胡春焕、白鹤群：《北京的会馆》，中国经济出版社 1994 年版
9	北京	凤翔会馆	在北极菴有附产	《岐山乡土志》卷二

① 《汉口山陕会馆志》，光绪二十二年（1896）汉口景庆义堂刻本，第 47 页。

续表

序号	地址	会馆名称	福地、瘗所、义园概况	资料出处
10	河南周口	山陕会馆	有义地十九亩	《颍州古今》第3辑
11	四川康定	秦晋会馆	有义地，名"白骨塔"	《四川甘孜文史资料》第39辑
12	四川成都	陕西会馆	有回龙山义地二区，各五亩，还有甘露亭、霞泽寺等	《（同治）成都县志》卷二
13	湖北汉口	山陕会馆	有义园二处，瘗旅公所一处	《汉口山陕会馆志》
14	山东聊城	山陕会馆	左院为养疴公所	竞放：《山陕会馆》，南京金陵出版社1997年版
15	河南开封	山陕甘会馆	左侧有义地	王瑞安：《山陕甘会馆》，中州古籍出版社1992年版
16	浙江杭州	秦晋会馆	有养疴花园一所	《兰州文史资料》第3辑
17	广东佛山	山陕会馆	有福地、义地各一所，有正厅、楼房、观音堂、花园亭榭及左右侧室	《明清佛山碑刻经济文献资料》，广东人民出版社1987年版
18	甘肃兰州	骊陕会馆	有义园一所	刘向东主编：《兰州市服务业志》，甘肃人民出版社1991年版
19	甘肃河州	山陕会馆	在西郊有义园一处，雇人耕种看守	《临夏文史资料选辑》第2辑
20	河南上蔡	山陕会馆	有义地二院	《上蔡文史资料》第2辑
21	青海西宁	山陕会馆	有义园、墓地二处	刘文峰：《山陕商人与梆子戏》，文化艺术出版社1996年版
22	青海湟源	山陕会馆	山陕墓地一处	焦文彬：《长安戏曲》，西安出版社2002年版

　　福地、义园、瘗所成为明清工商会馆的重要组成部分。各地会馆"除供死者棺梓暂厝之所，更为病人养疴之所和供岁时游嘱之所"，为流寓客商在异地提供了养病、疗伤、停枢、厝葬等有组织的社会化保障，使同籍商人免去异乡飘零的后顾之忧，成为他们流寓异地的生命归宿和精神安全之岛。为此，会馆对瘗所、福地、义园的投资不遗余力，建设规模并不比会馆本身小。广东佛山山陕会馆在西边头置有福地一处，同治年间又于近地更置义庄，曰"江右别墅"。这所别墅有正厅、楼房、观音堂、花圃亭榭及左右侧室，规模、构件与会馆相比并不逊色。据《重修山陕会馆福地碑记》载，维持福地运转的经费计有："老首事前存银五百八十五两三钱六分二厘。入厘金银四千五百六十七两二钱四分八厘。入香资银一千二百三十两零二钱六分。入房租银八千二百八十三两五钱八分。入利息银三千一百三十两零三钱五分。入批头银一百七十七两六钱正。入各号布施银三十一两九钱六分。入余平银四十三两五钱六分八厘。以上八宗共入银一万八千零四十九两九钱零八厘。"[1] 这既反映了山陕商人在佛山的雄厚实力，也反映了会馆对义园、福地建设的重视。许多会馆为义园、福地制定了详细的管理制度，将其纳入规范化运作的轨道。汉口山陕会馆《瘗旅公所议定章程》规定：旧例旅梓以五年寄顿，俾死者之家遣人携带回籍或其家人无人闻问，五年后即代为安葬义地，标石立碑。公所存寄灵枢每年清明、中元、寒食三节必施食超度。并形成寄厝执照的管理制度。[2] 进入近代，许多山陕会馆的瘗所、义园还向其他籍贯的商人开放。[3]

---

① 广东省社会科学院历史研究所中国古代史研究室、中山大学历史系中国古代教研室、广东省佛山市博物馆编：《明清佛山碑刻文献经济资料》，广东人民出版社1987年版，第144页。

② 《汉口山陕会馆志》，光绪二十二年（1896）汉口景庆义堂刻本，第47页。

③ 任斌：《略论青海"山陕会馆"和山陕商帮的性质及历史作用》，《青海师专学报》1984年第3期。

如青海西宁山陕会馆的墓地向湖南、山东等省的商人开放，汉口山陕会馆的瘞旅公所也允许"无论会内会外"之灵柩均可存放。① 这透露了会馆从地缘行会向业缘商会组织转变的趋势，以及会馆从边缘化地位向本土化地位转变的时代消息。

第二，会馆设立义园、福地、瘞所，强化了同籍商人的乡情联系，表现了对同籍商人生命的终极关怀。流寓异地的商人背井离乡，思亲和乡愁是他们挥之不去的心理暗影。会馆设义园、福地、瘞所为同籍商人提供灵魂归宿和精神家园，使其"爰谋净地，聊作佳城"，"既无暴露之虑，益安亡者之魂……死者入土为安，生者益无遗憾，则曲尽乡谊而义举体恤至微者也"。②

会馆义地将封建社会的血缘亲族关怀发展为同籍乡缘关怀，提高了安全保障的社会化程度，包含着社会进步的因素，表现了中国商人的人本主义情怀。义地又表现了会馆对商人生命的终极关怀，使商人无暴露之虑，这就进一步强化了同籍商人的团结。因为厝死人说到底是为了聚活人，即以乡情故土关系为纽带，增强同籍商人在客地的凝聚力和竞争力，为他们在异地顺利开展商贸活动提供了精神动力和人性化帮助。另外，会馆对义地的规范管理，四季三节的洒扫祭奠亦安抚了同籍商人的心理恐慌，淡化了他们的飘零之慨。清人叶丰《甘肃竹枝词》："新关刚出义园过，山陕三江两浙多。寒食清明人上冢，故乡风景问如何。"③ 这就充分反映了义园、福地在加强同籍商人乡情联谊方面的作用。

第三，会馆义园、福地、瘞所表现了商人对发展商品流通和传播文化的

---

① 《汉口山陕会馆志》，光绪二十二年（1896）汉口景庆义堂刻本，第47页。
② 《汉口山陕会馆志》，光绪二十二年（1896）汉口景庆义堂刻本，第47页。
③ 雷梦水、潘超、孙忠铨等编：《中华竹枝词》（5），北京古籍出版社1997年版，第3691页。

历史能动作用。工商会馆设义园、痤所，表现了商人敢于冲破素守本分、安土重迁的传统观念，体现了他们大丈夫志在四方、不安于家食的勇敢开拓精神，为发展商品流通和传播文化做出了历史性贡献。康定秦晋会馆的义地，亦叫"白骨塔"。一副对联写着"满泪蓬蒿游子泪，一盅麦饭故乡情"，这里不知埋葬了多少在川康古道上背茶的陕西茶商的尸骨，被当地人称为"万人坑"。青海西宁山陕会馆的义园里 300 多穴秦腔艺人的坟地，是陕西秦腔艺人在明清两代为秦腔在西北流播做出不朽贡献的历史见证。

第六章

明清时期山陕会馆的市场化因素

第一节　山陕会馆对明清中国社会市场化进程的促进作用

按照吴承明的观点，中国明清之际最大的变化就是"有了现代化因子或萌芽。标志是大商帮的兴起"①。那么，对山陕会馆的研究就必须在明清现代化的因子或萌芽的框架下进行讨论，由此可以得出明清山陕会馆已含有市场化因素的结论。山陕会馆的市场化进程可以从陕西、青海、河南的山陕会馆的具体变化中得到印证。

一、　明清时期陕西山陕会馆的市场化进程

第一，明清以来，陕西的山陕会馆推动了陕西市镇经济的发展。工商会馆是同籍商人以乡缘关系为纽带所形成的行帮办事机构，工商会馆的设立表现了同籍商人在某一地区的聚集，他们的活动能有力地推动该地商品经济的发展。如丹凤龙驹寨原先仅仅是一个小山村，到明末清初由于山陕商人以这里为码头转移南北商品，遂使其成为南北商品的贸易码头，经济获得迅速发展，"龙驹一寨，康衢数里，巨资千家。鸡鸣多未寝之人，午夜有可求之市"，"河岸帆樯林立，脚子班往来如织，西北两路驮骡每日络绎不绝"，② 其成为

---

① 吴承明：《从传统经济到现代经济的转变》，载《中国经济史研究》2003 年第 1 期。
② 《（民国）续修商县志稿》卷八《交通》。

陕西著名市镇，有"小武汉"的美誉。通往甘肃的要道永寿县监军镇也是由于山陕商人的大量聚集而成为陕西北五县的著名城镇，《永寿县志》卷四《风俗》曰："永民土著者少，大半皆甘肃、山西诸外省人侨寓入籍，而山西人尤多。"商人的活动使监军镇成为陕西西部著名的粮食市场，几乎天天有集，俗称"百日集"。监军镇的酿酒业也很发达，有许多酿酒作坊，每家酒坊有牲畜八九十头，石磨数盘，每窖酿酒 200 斤，销咸阳，全年出酒 5000 石，是陕西著名的白酒产地。凤翔城关镇由于有大量山陕商民从事商业贸易，咸丰年间就有各种商号 500 余家，仅肉铺就有 10 余家，日销猪肉、羊肉数千斤，商民中有"日销三十猪，百羊百石粮"之说，足见商业之繁荣。该镇的"准提庵银子市"是陕川的著名金融市场，每日交易白银五六万两，被称为"银凤翔"。山阳县的漫川关原本是个小山村，明清以来由于金钱河流经湖北，使该镇成为秦楚贸易码头。"商贾往来十分频繁，远近闻名的'水码头湾'每日有上百只船穿梭往来，水码头白天人流济济，晚间灯火通明，又加之'旱码头'每日有数十骡帮马队从北方运来百货，漫川街商摊、货栈自街头挤到街尾，素有'小武汉'之称。为了适应商业发展的需要，各地商贸或以地域，或以行业自行集资各自修馆所，这样'船帮会馆''骡帮会馆''山西会馆'诸多馆所就应运而生了。"①

第二，会馆推动了明清以来陕西市场化因素的增长。明清时期，陕西的工商会馆是行帮的管理组织，具有代替官府行使工商管理的职能，山陕会馆每年定期要举行庙会活动，无非敬神、演戏和吃饭。每次敬神演戏之前，要由会长（会首）进行训话。这种会馆活动本身含有市场化管理的因素。如西

---

① 中国人民政治协商会议陕西省山阳县委员会文史资料研究委员会编：《山阳县文史资料》（第 8 辑），1995 年，第 163 页。

安的金龙庙布帮会馆，每年农历二月初八过会，活动就是敬神、演戏。过会时商号自愿出香钱，一串至三五百串不等。同时，明清时期的山陕会馆一般都祭祀关公，每年关帝诞辰都要举办庙会，会馆又成为当地定期的集市，富有配置农村资源的经济功能。如盩厔关帝庙，在县东门北边，明正德年间毁于火，乾隆四十年（1775）知县徐作梅率绅士商民捐修为会馆，每年农历五月十三关帝诞辰日举办大型庙会活动，塞外外商云集，交易量很大。① 西安长乐坊山西会馆盖得相当壮观，临街就是戏楼，每年关帝诞辰，城内不少剧院借会馆戏楼演戏，大商小贩云集，成为当地有名的社区经贸活动中心。

　　第三，会馆为推动明清陕西商品经济的发展发挥了历史性的作用。明清时期，山陕商人是沟通东西部贸易的主要商帮。他们奔走于江南、西北之间，把江南的布匹、茶叶、日用百货贩运到西北各地，又将西北的皮革、药材、烟草贩运到江南各地，使得陕西的泾阳、三原成为西部布匹、茶叶、皮革、水烟的加工中心和西北地区的金融中心。农历每月二十八是商家的"走标"之期，从西北流向三原的白银不下二三千万两，泾阳、三原成为陕西有名的壮县，当时流传的一句歌谣"宁要三原不要西安"真实反映了这种历史状况。同时，随着陕南经济的发展，山陕商人又携手驰骋于秦巴山区，他们在秦巴山区各县建立会馆，对推动陕南地区经济的发展起到了巨大的作用。明清以来，在紫阳从事茶叶贸易的主要是山陕大帮，他们在紫阳的瓦房店、任店、宦姑滩等茶叶主要产区设立茶店贩运茶叶。在安康从事构穰和生漆贸易的主要是山陕商人，《旬阳县志》记载，明清在旬阳"货穰者，多系三晋安（康）同（州）人，列廛而居"②。旬阳之贸易重镇蜀河为安康商贸中心，有各省会

----

① 《（民国）盩厔县志》卷二《建置·祠祀》。
② 《（乾隆）旬阳县志》卷四《物产》。

馆，住户 600 余，大小山陕商人 40 余户，为旬阳山货上船市场，其商品经济的发展程度远在县城之上。

二、 明清时期青海山陕会馆的市场化进程

明清时期，山陕商人在青海各地设立的会馆，为保证山陕商帮经贸事业的顺利开展、促进青海商品经济的发展和市场经济因素发育都起到了积极作用。

第一，会馆保障了山陕商人在青海商贸活动的顺利开展。青海的山陕会馆帮助山陕商人在西宁、湟源解决货物存放、衣食住行、生老病死等问题，免去了商人在青海客地活动的后顾之忧，使商人在客地获得一种组织支持和心理归属感。会馆定期举办活动，"每年开会四次，一般时间为农历五月十三、六月二十二、七月十三、九月十三日"①，为青海的山陕商人提供了联络乡谊、化解乡愁的机会。同时，这种同乡商人的联谊活动，整合了西宁、湟源等地山陕商人的力量，将个体凝聚于群体之中，既提升了山陕商人的团体意识，又增强了山陕商帮在青海的整体竞争实力。会馆祭祀关公，既为山陕商人抵御市场风险提供了精神依托，又为规范山陕商人市场行为提供了道德约束。

第二，会馆促进了青海市场化因素的正常发育。一则山陕会馆已不仅仅是以乡缘关系为纽带的封建行会组织，而是开始向谋利求财的市场组织转化。明中叶后的山陕会馆已不是单纯的敬神麻、联乡谊之地，而是日益朝着议商

① 马德章：《川口山陕会馆》，见中国人民政治协商会议青海省委员会文史资料研究委员会编：《青海文史资料选辑》（第 16 辑），1987 年，第 152 页。

事、通商情、保商利的经济组织转变。川口山陕会馆的一个重要功能就是沟通信息，发展业务，有事公议，而且，庙会期间除祭奠财神外，还商讨事务。① 二则会馆冲破行帮的束缚开始向市场主体转变。明清时期的山陕会馆已不单纯是行帮的办事机构，开始成为自主经营、自负盈亏的市场主体。会馆的经费除了过会时山陕商号捐资布施外，主要靠入会商号所交的会费本银维持，并且规定"本银不交会，仍存本号营业，但每月按本银之数每两交纳二分半的利息"②。这些馆底存息则以会馆的名义应商号要求作投资生息取利用，"事后由会头公布账项"。这表明，会馆开始作为独立市场主体参与市场资本营运。三则会馆实行开门办馆，反映了会馆克服"非本帮莫入"的封闭性，闪烁着开放的商业精神。这种转变使会馆从"阴会馆""死人会馆"转变为"活会馆""向阳会馆"，表现了会馆的开放意识和创新精神。

三、 明清时期河南山陕会馆的市场化进程

明清时期，山陕商人在河南的经贸活动和会馆建设推动了河南商品经济的发展，优化了河南的农业资源配置，推进了明清河南市场化的历史进程。

第一，促进了明清河南市镇经济的兴起。明清以来，河南许多市镇的兴起都与山陕客商的活动有直接联系。内乡西峡口"原不开集，半川因陕西等处往来买卖贩枲的众多商家，深感艰于贸易，在居民李谦吾等陈告下，于成化甲辰每月二七日开集"③。据山陕会馆《重修钟鼓楼碑》载，"南阳舞阳北

---

① 陈邦彦：《解放前西宁戏剧概况》，见中国人民政治协商会议青海省西宁市委员会文史资料研究委员会编：《西宁文史资料选辑》（第4辑），1986年，第75页。
② 青海省图书馆编：《清末民初——1929年建省前的西宁商业情况》，油印本。
③ 《（成化）内乡县志》卷二。

之舞渡，为舞阳一大都会也。山陕之人，行商于南，云至而雨集"，使北舞渡镇成为"江南商货由此吞吐中转"的著名市镇。① 河南南阳的社旗镇，"由于地濒赭水，北走汴洛，南船北马，总集百货，尤多秦晋盐商大贾"②，成为"豫南巨镇"。河南邓州汲滩镇原为无名小村落，后来外地客商云集，仅各地客商在该地建造的会馆就有 15 所，其中尤以陕山会馆最为壮丽，使汲滩镇成为百货云屯、客商辐辏的豫中著名市镇，有"小汉口"的美誉。

第二，山陕会馆本身就是市场。明清时期，山陕商人在河南修建的山陕会馆，一般都祭拜关公，故被称为关帝庙或山陕庙。人们在逛庙的时候常常会购买物品，因此会馆在设计的时候也都附有市场。如河南沁阳山陕会馆"祠内宽敞，两厢均有回廊，以为买卖摆物置棚之所"③。河南周口山陕会馆，也称关帝庙，"在庙内许多地方，原来都开有商业店铺，人们在瞻拜关帝之余，顺便可以逛逛市场，买点东西"④。河南社旗山陕会馆在馆墙四周搭建雨棚，招商开店营业，成为当地商业活动的中心，时至今日依然保持着这种格局。

第三，山陕会馆成为定期的集市市场。由于河南的山陕会馆多祭拜关羽，每年关羽诞辰或其他祭祀日，往往举办大型庙会活动，形成定期的庙会集市。河南沁阳山陕会馆"每年九月有大会，百货灿陈，商贾鳞集"，其县令倪进明写诗记叙当日的交易盛况：

---

① 国家文物事业管理局主编：《中国名胜词典·河南分册》，上海辞书出版社 1983 年版，第 51 页。

② 《（光绪）南阳县志》卷二。

③ 《沁阳县志》卷二，道光四年（1824）刊本。

④ 龙霄飞、刘曙光：《神灵与苍生的感应场——古代坛庙》，辽宁师范大学出版社 1996 年版，第 152 页。

千间广厦群回廊，百会喧陈大会场。

自昔祠基传水府，于今庙貌壮西商。

摊钱估客居成肆，入市游人桨列行。

最是城西逢九月，开棚九日醉梨殇。①

河南阳原县山陕会馆"庙会……六月中旬举行，均以售百货为主"②。最有代表性的则是河南许昌八里桥关帝庙集市。该集市最早设于半坡铺，不成，又迁到七里店，还不成，最终迁到八里桥关帝庙，始成。可见会馆市场作用的巨大。

第四，河南是中国民间商会的发源地之一，最早的商业规则产生于河南社旗山陕会馆。社旗山陕会馆把制定的规则刻在石碑上，立于会馆中，代代遵守，流传至今，成为我国现存最早的商业规则系列碑文。这些商业规则大致可以分为三类。一是统一度量衡，维护公平公正的行业秩序。如《同行商贾公议戥秤定规概》记述："……年来人烟稠多，开张卖载者二十余家，其间即有改换戥秤，大小不一，独网其利，内弊难除。是以合行商贾，会同集头等，齐集关帝庙，公议秤足十六两，戥依天平为则，庶乎较准均匀，公平无私，俱各遵依。……"③二是反不正当竞争。如社旗山陕会馆中立于清乾隆五十年（1785）的《公议杂货行规碑》罗列的行规多达18项："……不得沿路会客，如违者罚银五十两；落下货本月内不得跌价，违者罚银五十两；不得在门口拦路会客，任客投主，如违者罚银五十两；银期不得过期，如违者按

① 《沁阳县志》卷二，道光四年（1824）刊本，第5页。
② 《阳原县志》卷一八。
③ 张正明、科大卫、王勇红主编：《明清山西碑刻资料选》（续二），山西经济出版社2009年版，第340页。

生意多寡出月利；不得假冒姓名留客，如违者罚银五十两；结账不得私让分文，如让者罚银五十两；不得在人家店中勾引客买货，如违者罚银五十两……"三是监督官府。社旗山陕会馆中立于道光二十三年（1843）的《过载行差务碑》即过载行为了抵制官府"屡经加增"的支官席片而定制的"合约"，并明确说道："恐历久加增，后不复前，故立琐珉，以为千古流传云尔。"这三块碑石为研究清代中国民间商会、商业的发展提供了弥足珍贵的佐证材料。

第二节　明清时期山陕会馆从馆庙合一向馆市合一的转变

明清时期出现的"现代化因子"，促使会馆活动朝着服从商务活动需要的方向发展，会馆呈现出从馆庙合一向馆市合一转化的发展趋势。

一、会馆即市场

工商会馆作为商货停积之所，会不断发展为日常交易的市场，其著名者如寄居北京的山西商人所创立的临襄会馆。该会馆《油市成立始末缘由专事记载碑记》载："油市之设，创自前明，后于清康熙年间，移至临襄会馆，迄今已数百年。该馆极宏敞，可容数百人，最宜建为商市。然实因管理得人，苦心筹划，力为布置，用多数之金钱，成宽阔之地基，使同行无不称便，实为吾油市之幸。油市成立，距今数百余年，履蹈信义，弊端毫无，足证当初定法良善。"① 河南社旗山陕会馆建造时，虽用地吃紧，但仍自街面后退数米，临街建店铺，招商开店营业，使其成为当地的商业中心，时至今日依然保持着这种市场格局。这说明工商会馆本身就是为商市而设立的。

二、 会馆直接参与市场运作

工商会馆的资金分为常年经费和临时经费两种。常年经费来自本籍商人、学徒所缴纳的会员费；临时经费来自各商号的捐纳银两或对过往商品所抽取的厘分。这些集腋成裘的资金，数量很可观，在维持会馆日常开销后有大量结余。如汉口山陕会馆，结余的会底银两数量巨大，如仅春秋楼开光一项，各商号捐银就共计 249066.8 两，而常年支出每年才岁银 110 两，钱 2033600 文。② 这些会底银两常常被会馆经营者用来投资生利。使会馆与市场直接联系，方式有三：

一是投资本帮商号，分取利润。会馆将会底银两作为资本，与本帮商号合资经营，使接受投资的本帮商号成为会馆的领东掌柜，会馆可按时提取盈金。其著名者如新疆乌鲁木齐最大的国药店"凝德堂"，就是由乌鲁木齐的陕西会馆会底银两投资支持的，每年带给会馆的收入亦属可观。

二是存号取息。如青海西宁的山陕会馆规定，加入会馆的商号"每家要交会馆银 24 两，并规定本银不交会，仍存在本号营生，但每月按本银之数，每两交纳二分半的利息"③。

① 李华编：《明清以来北京工商会馆碑刻选编》，文物出版社 1980 年版，第 26—27 页。
② 《汉口山陕会馆志》，光绪二十二年（1896）汉口景庆义堂刻本，第 45 页。
③ 青海省图书馆编：《清末民初——1929 年建省前的西宁商业情况》，油印本。

三是购置街房，出赁收租。如汉口山陕会馆"纪产续置"条便记载："会馆重建，较前壮观，以房租之收入，供会馆之所出，终岁沛然而有余……仅将续买浮屋六所略录姓名，价值基地五段，改置市屋，照契详录。"该会馆每年仅房产收入就高达银 964.3 两，钱 828900 文。[①]"改置市屋，照契详录"是会馆直接经营市场的有力例证。佛山《重修山陕会馆福地碑记》也有"与众房客修补一应杂项支银"的记录。[②] 凡此均说明，工商会馆在明清之际，作为市场主体，参与市场营运，其市场化因素清晰可见。

三、 会馆成为定期的集市市场

山陕会馆多祭祀关羽，一般为当地著名的庙宇。每年农历五月十三关羽诞辰或其他祭祀日，会馆会举办大型庙会活动，这成为当地农村资源配置的重要手段。《浮山县志》卷二六载：山西浮山县山陕会馆，因"浮邑地处僻壤，商贾不通，购置货物甚艰……十月初六日，南门外关帝庙……逢会，招集远近商贾，贩鬻诸般货物，邑人称便焉"。《阳原县志》卷一八载：河北阳原县山陕会馆"庙会……六月中旬举行，均以售百货为主"。《随州志》卷一〇《赛会》载：湖北随州"王恕园关帝庙有庙场香会，积陈百货，互相贸易"。乌鲁木齐陕西会馆"过会像庙会一样……卖小吃的、卖零星物品的商贩，在会馆前拥聚得水泄不通"[③]。

① 《汉口山陕会馆志》，光绪二十二年（1896）汉口景庆义堂刻本，第 35 页。
② 广东省社会科学院历史研究所中国古代史研究室、中山大学历史系中国古代教研室、广东省佛山市博物馆编：《明清佛山碑刻文献经济资料》，广东人民出版社 1987 年版，第 144 页。
③ 昝玉林：《会馆漫记》，见中国人民政治协商会议乌鲁木齐市委员会文史资料研究委员会编：《乌鲁木齐文史资料》（第 8 辑），1984 年，第 82 页。

第三节　明清时期山陕会馆会底银两资本运作方式

会底银两是明清时期工商会馆募集经费中扣除维持会馆各项运作费用后的剩余部分，是会馆存在和发展的物质基础。如何使用这笔资金对于理解工商会馆的性质及其发展变化有重要的意义。通过对明清以来山陕会馆会底银两的分析发现，它既存在着向土地投资转化的落后性，又存在着向工商投资转化的进步性，特别是后一种转化使会馆日益作为市场主体发挥作用，反映了会馆性质的部分质变及其包含着的市场化因素。

山陕商帮是当时全国著名的商帮，垄断着中西部的商品流通，业务又处在蒸蒸日上之际，故其会底银两给人的总体印象是数额甚巨。如成书于光绪年间的《津门杂记》记载：山西会馆"在锅店街，凡山西盐、当、杂货等商，馆内各有公所，栋宇巍焕，局面堂皇，内祀关帝圣君，无僧道主持。该馆存项甚巨，皆本省人捐纳"①。清《穆宗实录》卷一一三记载，甘肃布政使恩麟奏："陕甘富商巨贾，在川贸易各属地方，公建陕西会馆，历年积有会底银两，盈千累万，为数甚巨。"但这些记载仅是模糊的形象记录，尚缺乏对会馆会底银两精确的量化测算。好在许多山陕会馆的碑刻、志书为我们保存了较为真实的资料，由此可以测算出当时山陕会馆会底银两的基本情况。

河南社旗山陕会馆《重兴山陕会馆碑记》碑阴镌刻有会馆自同治八年（1869）至光绪十六年（1890）历年的收支情况，该碑文言："布施商号及捐银数共 126 个，共收厘金 72858 两，布施合银 14930 两，二宗共合银 87930 两

---

① 刘文峰：《山陕商人与梆子戏》，文化艺术出版社 1996 年版，第 221 页。

正。"而同期"十一宗共出银 87780 两正"。收支相抵，结余 150 两，数量并不大。但如果联系嘉庆二十二年朝邑大荔帮向该会馆捐献铁旗杆的情况，可知会底银两数量并不小。该会馆《铁旗杆记》碑文载："朝邑一属所募捐除公用外独赢三千余金，庙之壮观不可有加，又不可折金以入私囊，因铸铁旗杆二株，重五万余斤，树于大门左右。"① 仅一帮之捐款盈余达"三千余金"，说明该会馆积存银两数目可观。

广东佛山山陕会馆《重修山陕会馆福地碑记》对会馆的财务明细账目有详细记录，不妨赘录如下，以便进行分析。

> 接老首事前存银八百八十五两三钱六分二厘；
>
> 入厘金银四千五百六十七两二钱四分八厘；
>
> 入香积银一千二百三十六两零二钱六分；
>
> 入房租银八千二百八十三两五钱八分；
>
> 入利息银三千一百三十两零三钱五分；
>
> 入批头银一百七十七两六钱正；
>
> 入各号布施银三十一两九钱六分；
>
> 入余平银四十三两五钱六分八厘。
>
> 以上八宗共计入银一万八千零四十九钱零八厘。
>
> 祭神演戏会馆福地一应杂项支银九千五百九十八两五钱零二厘；
>
> 会馆修补置物与众房客修补一应杂项支银一千六百零八两一钱
>
> 八分八厘；

---

① 河南省古代建筑保护研究所、社旗县文化局编著：《社旗山陕会馆》，文物出版社 1999 年版，第 3—4、378 页。

出和尚养廉支银一千九百四十八两正；

出周年八音班支银二百三十五两正；

出送乡亲茶仪支银四十三两五钱正；

重修福地会馆砖瓦木料油漆又工碑匾勒石共支银一千三百三十

九两七钱三分八厘。①

收支相抵，结余3116两1钱4厘2分。会底银两数量亦不算小。

《汉口山陕会馆志》也比较详细地记载了会馆的财务情况。其中，《重建西会馆筹收厘金布施小引》对从咸丰到同治年间的收入总情况有记载，其志曰："我两省商人公议筹捐厘金以资工筑，迄近二十五年，仅共收布施三万四千有奇，厘金则数倍过之，共陆续捐厘金银并息二十五万之谱。光绪七年，功筑八九。圣帝开点金光，复收开光费四千七百余两。"三项共计入银288700余两。其后，支销银总条对历年74宗资金支出有汇总："共出曹平足纹银271461.01两。"② 两项相抵，会底银两结余为17239两，数额仍在万两白银以上。

以上三所较大的山陕会馆财务状况说明，当时工商会馆存储的会底银两数量不小，恩麟所言"盈千累万，数额甚巨"并非虚话。这些巨额会底银两的存在反映了两方面的情况。一方面反映了山陕商帮在流寓各地业务的发展程度。如河南社旗山陕会馆乾隆年间创建春秋楼抽厘商号423家，抽厘8068.82两，其中抽厘100两以上者仅5家。同光年间重修山陕会馆，抽厘商

---

① 河南省古代建筑保护研究所、社旗县文化局编著：《社旗山陕会馆》，文物出版社1999年版，第378页。

② 《汉口山陕会馆志》，光绪二十二年（1896）汉口景庆义堂刻本，第20、28页。

号 483 家，抽厘 71778 两，其中抽厘 1000 两以上者达 12 家。[1] 再如佛山山陕会馆，嘉庆年间第一次续修时抽厘商号 191 家，道光年间第二次续修时增加到 208 家。其中复义生号第一次捐银 271 两，第二次为 277 两；西永泰号第一次捐银 73 两，第二次为 228 两；兴隆泰号第一次捐银 48 两，第二次猛增为 351 两。这反映了山陕商人资本和利润迅速增长的概貌。[2] 另一方面反映了会馆本身资金的积累和增长。这些会底银两是山陕商人的共同财产，属于山陕会馆商人集团所有制的公共资金。如何使用这些剩余资金在很大程度上决定着工商会馆未来的发展命运。

明清时期，工商会馆是商帮办事机构，作为封建行会组织，它不可能超越自身的历史局限。因此，会底银两转化为土地投资是会馆的首选目标。因为在封建社会重农抑商的政策下，赁地出租是最稳定的赚钱方式，因而明清时期，工商会馆占有和经营土地是普遍现象。河南杞县山西会馆宣统三年（1911）《山西会馆清理公产碑记》载："杞邑旧有山西会馆，不知创自何年。经前首事累次购地数十亩（据调查，咸丰时为 20 亩，后增购到 60 余亩），作为会馆公产，以每岁所得课租办会馆公益。"[3] 山东邹县山西会馆"有十五、六亩的菜园……当时全部出租，亩租为 200 多斤小麦"[4]。青海西宁山陕会馆在西宁东郊曹家寨附近，占地数十亩，称作"山陕义地"，也叫"香粮地"，

---

① 许檀：《清代河南赊旗镇的商业——基于山陕会馆碑刻资料的考察》，载《历史研究》2004 年第 2 期。

② 谭棣华：《从〈佛山街略〉看明清时期佛山工商业的发展》，载《清史研究通讯》1987 年第 1 期。

③ 张广耘：《杞县山西会馆》，见政协河南省杞县委员会文史资料委员会编：《杞县文史资料》（第 5 卷），1990 年，第 121 页。

④ 刘锡山等回忆，张秉凯整理：《我所了解的邹县"山西会馆"》，见中国人民政治协商会议山东省邹县委员会编：《邹县文史资料》（第 5 卷），1987 年，第 30 页。

全部出租给当地农民耕种，收取实物地租，作为维持会馆存在的一项经济来源。① 会馆会底银两转化为土地投资，且采取赁田出租、收取实物地租的方式，表现了会馆与封建剥削之间的内在联系，说明工商会馆依然承袭着传统，在主体上仍然是封建性的行帮组织。

但是，明清时期的工商会馆又是在中国已经产生了市场经济萌芽的历史条件下产生和发展起来的，这便使得会底银两的运作不得不与市场发生千丝万缕的联系。会底银两的所有者是以市场经营起家的商人，商人自会以独特的市场眼光，将其投入市场运作并转化为资本。而这正是明清时期的工商会馆从封建行帮组织开始向独立市场组织转变的重要表现，也是工商会馆具有生命力的原因。

明清时期，工商会馆创造了会底银两转化为资本的多种渠道，表现了封建商人娴熟的资本运作技巧和丰富的资本经营经验。

一是房地产投资。明清时期，土地及房地产的商品化是极生利的经营事业，因此，许多会馆将会底银两转化为房地产投资，通过收取租金获得稳定的利润。河南开封山陕甘会馆的经费来源一是商户捐摊，"其次是房屋土地之租赁收入"②。同光年间重修社旗山陕会馆时，用地十分紧张，就这样，会馆仍然决定馆墙内缩，周边多辟市屋，招租出赁，使其成为当地的商业中心，这样的市场格局至今仍然保留着。佛山山陕会馆《重修山陕会馆福地碑记》

---

①　任斌：《略论青海"山陕会馆"和山陕商帮的性质及历史作用》，载《青海师专学报》1984 年第 3 期。

②　冯荫楼整理：《旅汴同乡会及同乡会馆》，见中国人民政治协商会议河南省委员会文史资料研究委员会编：《河南文史资料》（第 21 辑），1987 年，第 169 页。

的收入账中亦有"入房租银八千二百三两五钱八分"①，仅房屋一项收入就有8000 多两，足见其房屋租赁规模之大。一则十分珍贵的材料是，《汉口山陕会馆志》中有一岁入账目，总计 19 宗收入中，市屋租赁 9 宗，岁收租钱 981.20两；房基地出租 8 宗，岁收租金 202.4 两；出租市茶楼 1 宗，收租银"二百两十年后以三百两收之"②。这里的"市屋"并非一般居住用房，而是沿会馆四周的临街商业用房，具有扩大市场化的因素，而且出租"泰山庙东首市茶楼一座"更具有市场运作的性质。这说明，明清之际，房地产租赁制已成为会馆会底银两资本营运的重要形式之一。

二是借贷生息。钱庄、票号、典当是明清山陕商人的主体产业，山陕商人积累了丰富的货币资本营运经验，懂得"银钱必须生利"的市场理念。因此，将会底银两用于借贷生息是其资本运作的又一重要形式。而这种借贷生息又有两种不同性质的运作方式。一是将会底银两贷放给当地钱庄、当铺；二是贷放给非同籍商人，作为生息资本发挥作用。如河南周口运河南岸的山陕会馆《金龙四大王庙碑记》载："乾隆年间……粮油商人公议每千百抽存什一，乾隆初年计得四百余金，经营生息三十年。"③ 佛山《重修山陕会馆福地碑记》的账目表中亦列有"入利息银三千一百三十两零三钱五分"④ 的记录。成书于清代的市井小说《歧路灯》中也有主人公汴梁当地富商盛希侨"在关

---

① 广东省社会科学院历史研究所中国古代研究室、中山大学历史系中国古代教研室、广东省佛山市博物馆编：《明清佛山碑刻文献经济资料》，广东人民出版社 1987 年版，第 144 页。
② 《汉口山陕会馆志》，光绪二十二年（1896）汉口景庆义堂刻本，第 44—45 页。
③ 《（乾隆）商水县志》卷十《记事志》。
④ 广东省社会科学院历史研究所中国古代研究室、中山大学历史系中国古代教研室、广东省佛山市博物馆编：《明清佛山碑刻文献经济资料》，广东人民出版社 1987 年版，第 144 页。

帝庙（山陕甘会馆）取了山陕社一千银子……是我与谭贤弟做生意的本钱"①
的描写。这说明将会底银两转化为借贷资本获取利息是会馆进行资本运营的
重要方式。

　　三是会馆将会底银两作为投资向同籍商人提供资金支持。这又分为三种
不同的形式，表现了会馆资本运作的不同特点和灵活性。

　　第一种形式，会底银两作为会馆的公共资金，向会员提供资金帮助。按
照全汉升的研究，当时工商会馆会底银两并非作为独立资本发挥作用，而是
作为同乡互助金为同籍商人提供社会化保障，应属于社会化保障基金的范畴。

　　第二种形式，将会底银两作为会馆独立投资与同籍商人合资经营产业。
据任斌的研究，西宁山陕会馆"剩余现金以会馆名义应某商号的要求，投入
该商号生息取利……是会馆现金收入的主要使用方向"②。这与青海省图书馆
编的《清末民初——1929 年建省前的西宁商业情况》中记载的西宁山陕帮分
为内外帮，"入会馆者为内帮，不入会馆者为外帮。但加入会馆当内帮的商
号，每家要交会馆本银 24 两，规定本银不交会，仍存本号营业。但每月按本
银之数，每两交纳二分半的利息，作为会馆的经费"基本相同。在这种方式
下，会馆的会底银两作为独立投资与同乡商人合资经营产业，应同籍商人的
要求投资生利。这里的"二分半的利息"已是商业利润的转化形式。只不过
在这种会馆与同乡商人的合资经营中，会馆资金不占主导地位罢了。

　　第三种形式，将会底银两作为独立投资经营商贸事业，直接转化为工商
业资本。乌鲁木齐素负盛名的老药铺"凝德堂"，就是陕西华县李姓商人领陕

①　〔清〕李绿园：《歧路灯》，华夏出版社 1995 年版，第 494 页。
②　任斌：《略论青海"山陕会馆"和山陕商帮的性质及历史作用》，载《青海师专学报》
　　1984 年第 3 期。

西会馆的生意。在这种方式下，会馆的会底银两已完全转化为独立的工商资本，会馆是资本所有者，领东人作为掌柜仅仅是会馆资本的经营者。这种方式充分体现了资本所有权与经营管理权分离的较高层次的资本运作。

总之，明清时期，工商会馆会底银两的资本化运作展现了它从封建行帮组织逐渐向独立的市场组织转化的历史轨迹，表现了货币转化为资本的历史过程及其灵活多样的转化方式。

以上说明，工商会馆在明清之际因市场化因素的存在，本身发生了部分质变，已不是纯粹的封建行会组织，而逐步转化为商人自治团体和独立的市场组织。这些转变过程使我们可以真切感受到明清以来中国封建社会因"现代化因子"而发生的变化。

第四节　明清时期山陕会馆对降低市场交易成本的作用

实现市场交易成本最低和利润最大化是商人追求的目标。根据制度学派的观点，当市场协调成本高于组织管理成本时，人们必然选择组织协调。明清时期出现的工商会馆正是商人的自我管理组织，会馆的评市价、通商情、厘行规、权度量等商务管理活动，有力降低了同籍商人的交易成本，推动了异地商帮商贸活动的顺利开展，成为异地经商不可或缺的社会条件。

一、　明清时期山陕会馆对降低信息搜寻成本的作用

封建宗法社会，涉远经营、异地求财的客帮商人在市场信息搜寻方面存

在着诸多困难。

　　首先，语言不通，习俗各异。客帮商人跨州越县赴各地做生意，面临人生地疏、客地逆旅的陌生环境。各地语言有别，习俗不同，客商在较短时间内很难融入当地社会并获取信息。《四川通志》卷首曰：乾隆年间，四川布政使窦启英言称川省的贸易环境是"其民则鲜土著，率多湖广、陕西、江西、广东等处迁居之人，以及四方之商贾，俗尚不同，情性亦异"。四川《荣县志》卷一《风俗》也记载当地的客帮关系是"秦、楚、闽、粤之人人心不谐，党类攸分，生气斗讼，往往有之"。《潼川府志》卷一《风俗》载：潼川府亦是"秦楚之人多剽悍，闽粤之人多诡谲，亦博蹋鞠之风，雀角鼠牙之事，往往有之"。这种语言不通、习俗不同的状态自然阻隔了信息交流。

　　其次，牙行垄断，牙人蒙骗。封建行会制度下，牙行是贸易中介，"市中贸易，必经牙行；非是，市不得鬻，人不得售"①。客商从牙人口中获取商务信息，而牙人"各行纲首，多属祖遗世业，或有一定股份，外人不能混入，或有一定地界，畛域各自分明"②。牙行凭借垄断地位阻隔买卖，或者"高低物价，擅取用钱"，或者"横主索值，肆意勒索"，使"买者卖者各有抑勒"，③客商很难得到真实的市场信息，或者获取信息的费用极高。北京仙城会馆《创建黄皮胡同仙城会馆记》中指出：客商之所以创建会馆，就是为了摆脱牙人对信息的阻隔，"吾侪乃寄动息于牙行，今安得萃处如姑苏也？……吾侪久寄动息于牙行，今安得萃处如湘潭也？……吾侪终寄动息于牙行，今

---

① 《（嘉庆）安亭志》卷三《风俗土产》。
② 苏州历史博物馆、江苏师范学院历史系、南京大学明清史研究室合编：《明清苏州工商业碑刻集》，江苏人民出版社1981年版，第271页。
③ 《（光绪）罗店镇志》卷一《风俗》。

究安得萃处如吴城也?"① 加之当地商人的同行倾轧，或"假通声气，贪价翻诲"，或"私贩俏卖，把价高抬"，或"任意瞒背，欺蔽客商"，这些都增加了客商在市场信息搜寻方面的费用，致使客商常常蒙受"贵物贱卖，血本无归""傲价诱买，欲哭无泪"的损失。明人李贽《焚书》卷二指出：商人在市场信息搜寻方面的不利因素是"受辱于官吏，忍诟于市易，辛勤万状，所挟者重，所得者末"。清末《申报》的一篇时文说，商人在市场信息搜寻方面所支付的成本是"逸者常少，劳者常多，安舆出门，东听行情，西看市面，至日晡尤不得闲在"。

为了改变因信息搜寻不易而导致商人本少利微的不利局面，流离异地的客商不得不以乡土亲缘关系为纽带联合在一起，设立会馆，开发乡土资源，以弥补在客地信息搜寻方面的弱势。对此，北京票号章程有精到的分析："一人智慧无多，纵能争利亦无几何，不务其大者而为之。若能时相聚议，各抒己见，必能得巧机关，以获厚利。"② 北京临汾会馆《重修临汾会馆碑记》直截了当地说：会馆"匪仅为祀神宴会之所，实以敦睦谊，联感情，本相互而谋福利"③。因而，会馆的设立，实际上起到了汇聚同乡商人、疏通信息渠道、密集信息传递的作用，它在降低信息搜寻费用方面发挥的作用，主要表现在以下几个方面。

第一，工商会馆汇聚同乡商人，扩大了信息来源，加快了信息传递。会馆以乡缘亲情为纽带将同乡商人汇聚在一起，有利于彼此之间交流信息。对此，《上海乡土志·会馆》指出，设立会馆就是为了沟通信息，"上海五方杂

---

① 李华编：《明清以来北京工商会馆碑刻选编》，文物出版社 1980 年版，第 15 页。
② 李希曾主编：《晋商史料与研究》，山西人民出版社 1996 年版，第 411 页。
③ 李华编：《明清以来北京工商会馆碑刻选编》，文物出版社 1980 年版，第 108 页。

处，侨寓之民实多于土著，故各处之旅沪者，皆立会馆，以通声气"。

第二，同乡商人以会馆为中心形成省籍文化社区，有利于信息的汇聚与传递。会馆是流寓商人张扬本土文化的旗帜。在会馆的感召下，同乡商人围绕会馆聚居，形成不同于当地人的特定文化社区。如安徽芜湖老西门外平安里南有一条奋子巷，早在光绪年间，该巷两边深宅大院的居户都是客籍人，"开始是山西和陕西人较多，后来又增加了山东人，他们共有一个会馆，叫秦晋会馆"①。苏州陕西会馆旁有柏家弄，因陕西富商柏小坡在此经商致富而成名，"柏氏为巨富，已历三世"，因而关中商人多汇聚柏家弄。② 四川自贡西秦会馆的所在地八店街，因 8 家陕商字号汇聚而成为该地有名的商业街。康定山陕会馆的所在地陕西街亦因 80 余家陕西茶庄汇聚而闻名远近。扬州陕西会馆所在地丁家湾，《扬州竹枝词》有"丁家湾里暮朝烟，中有西商住一边"③ 的词句。这种流寓商人傍会馆聚居的传统，有利于商务信息的汇聚与传播，这是显而易见的。

第三，会馆提高了流寓商人的声誉，加大了他们的信息占有量。商誉是获取信息的前提，最有商誉的商人具有信息优先占有权。工商会馆是异籍客商宣扬其经济实力和张扬本土文化的物象。会馆表现了流寓商人的实力，提升了流寓客商的知名度。各地山陕会馆莫不建筑恢宏、金碧辉煌，有的山门前竖有 500 斤重、10 丈高的铁旗杆，成为当地著名文化景观和游乐中心。四川各地的陕西会馆就是因为门前的铁旗杆而闻名，《成都竹枝词》记载："秦

---

① 芜湖文化局编：《芜湖古今》，安徽人民出版社 1983 年版，第 48 页。
② 《（乾隆）庸市志》上卷。
③ 雷梦水、潘超、孙忠铨等编：《中华竹枝词》（1），北京古籍出版社 1997 年版，第 1345 页。

人会馆铁旗杆，福建山西少这般。"① 青海民和县川口镇山陕会馆，是当地唯一的公共娱乐场所，重要官民活动均在此举行。② 河南社旗山陕会馆"数十里外犹见望之，诚赊镇之巨观也"③，至今仍为当地的商业中心。工商会馆的设立，提升了流寓客商在当地的商誉和知名度，便利了他们获得信息。

第四，会馆定期举办庙会，为商人提供获取商机的便捷渠道。山陕会馆多祭祀关公，因之每年关公诞辰日会馆均举办大型庙会，唱戏酬神，交流货物，为商人提供获取商机的渠道。河南周口山陕会馆，借庙会之机，推销商品。《绥远志略》卷七载：东胜山西会馆"阴历三月二十日为开会之期，凡伊、乌两盟暨绥、山陕等之商货云集于此，……故东胜县贸易最重之机会，亦即在此会期，平时甚少见有大批之商货交易也"。这些都为客帮商人降低信息搜寻成本起到了积极的作用。

二、 明清时期山陕会馆对降低商务谈判成本的作用

市场是买和卖的统一、交换关系的总和。交易双方从各自利益出发报价应和、切磋价值、磨合利益的谈判过程，是市场交易成本的重要组成部分。流寓商人个体在与官府、牙行、当地商人和其他客帮商人的谈判过程中势薄力单，故常常受到当地保护势力的欺诈。而会馆代表客籍商人的共同利益，为客籍商人立言，在同官府、本帮和其他客帮商人的矛盾中曲折斡旋、仗义

---

① 雷梦水、潘超、孙忠铨等编：《中华竹枝词》（5），北京古籍出版社1997年版，第3210页。
② 马德章：《川口山陕会馆》，见中国人民政治协商会议青海省委员会文史资料研究委员会编：《青海文史资料选辑》（第16辑），1987年，第152页。
③ 中国人民政治协商会议社旗县委员会文史资料研究委员会编：《社旗文史》（第2辑），1988年，第26页。

执言，从整体上降低了客帮商人的谈判成本。同时，通过设立行规市律规范市场行为，商务谈判在技术操作上规范统一，不致节外生枝。《潮惠会馆二次迁建记碑》对会馆节省商务谈判成本有十分精到的议论，不妨赘录如下："会馆之建，非第春秋伏腊，为旅人联樽酒之欢，叙敬梓恭桑之谊，相与乐其乐也；亦以贸迁货居，受廛列肆，云合星聚，群萃一方，讵免睚眦，致生报复；非赖耆旧，曷由排解？重以时势交迫，津梁多故，横征私敛，吹毛索瘢，隐倚神丛，动成疮痏。虽与全局无预，而偶遇株累，皇皇若有大害，踵乎厥后，既同井邑，宜援陷阱，凡此当忧其所忧者也。纵他族好行其德者，亦能代为捍卫而终不若出于会馆，事从公论，众有同心，临以神明，盟之息壤。俾消衅隙，同济艰难。保全实多……此会馆之建，所不容缓也。"① 具体而论，会馆在降低商务谈判成本方面的作用主要表现在以下三个方面。

第一，会馆代表同籍商人的整体利益，与官府、牙行曲折斡旋，减少了商人与官府、牙行的摩擦，降低了官商事务的谈判成本。乾隆年间，陕西商人贩草帽、皮货于苏州，因"交易之事与牙行口角，牙人遂造出陕西商人散帽结党等语"，致使许多陕西商人蒙冤入狱。陕西会馆为此多方奔走，通过告御状，最终才在乾隆皇帝的干预之下平反冤情。②

第二，会馆通过横向联合，整合各大商帮之间的市场关系，简化交易行为，节省各帮之间的谈判成本。在明清各商埠"各省会馆亦多，商有商总，客有客长，皆能经理各行各省之事"③。各大会馆之间开门办馆，横向联合，减少了商务摩擦。四川灌县有七省会馆，"旧以客长轮总之"④；四川犍为有

---

① 上海博物馆图书资料室编：《上海碑刻资料选辑》，上海人民出版社 1980 年版，第 331 页。
② 石锦：《近代中国社会性质研究》，李敖出版社 1991 年版，第 161 页。
③ 《清经世文编》卷四〇。
④ 《（民国）灌县志》卷一六《礼俗》。

五省客长之目，"各省籍虽异，而无种界上之分歧，用能各安于无事，以生以息，相助相劝"①；山东济宁有三省会馆（山西、陕西、河南）；湖南湘潭有五省会馆（晋、冀、鲁、豫、陕）；四川重庆有八省会馆。它们在整顿市场秩序、协调各帮利益方面发挥了较大的作用。道光二十六年（1846），巴县丝业机房主与工匠为工资折算发生争执，后在"八省客长妥议"下得到了解决。②

第三，会馆通过订立行规业律，规范市场行为，统一商务操作，节省了商务谈判成本。对此，《（民国）鄞县通志》卷一二《商会》有很好的说明："我国民众之有团体，盖滥觞于商贾。商贾以竞利为鹄的，垄断饮羊自周亦然。而同行嫉妒一语亦为方俗口头禅，于是，其中有翘楚者出，知己相倾轧必致两败俱伤也！乃邀集同业订立行规，相约遵守，稗有资则均沾，有害则共御，此商业团体之成立所以最古也。"③因此爰集同人、公议条规成为工商会馆的一项重要职能，各地现存山陕会馆多保留着大量关于行规业律的碑石就是明证：河南社旗山陕会馆保存有《公议集货行规碑》，汉口山陕会馆有《酌定条规碑》，河南舞阳山陕会馆有《交易行规碑》，湖北应山陕西会馆有《公议布帮条规碑》，等等。这些行规业律虽然有限制竞争、保护落后的封建性，但在规范市场行为、健全商业运营方式、防止伪劣品牌、提高服务质量方面起到了重要作用，体现了中国商人的行业自觉和敬业精神。会馆通过制定行规业律，使无序的市场变得有序，为商人提供了可规范操作的市场程序，防止了不正当竞争行为的发生，减少了商务摩擦，成为降低谈判成本的有力措施。

---

① 《（民国）犍为县志》卷七《居民》。
② 王日根：《明清民间社会的秩序》，岳麓书社2003年版，第209页。
③ 《（民国）鄞县通志》卷一二《商会》。

三、 明清时期山陕会馆对降低流通成本的作用

市场交易过程中的各项流通成本是市场交易成本的重要组成部分，只有降低交易过程中的各项流通费用开支才能从整体上降低市场交易成本。山陕会馆恰恰在这方面发挥了很好的作用。

第一，会馆沟通商情，平衡价格，降低了交易成本。沟通商情是会馆的基本职能。河南社旗山陕会馆《重兴山陕会馆碑记》记商人设立会馆就是为了"通商情"①；汉口山陕会馆《重建西会馆碑记》也指出，会馆是"山陕士商贸迁荟萃之所"②；苏州陕西会馆"建关帝祠于城西，为同乡公议之所"③。会馆在沟通商情方面的重要作用还有平衡价格。

第二，会馆统一度量，规范经营过程，有利于降低市场交易成本。河南社旗山陕会馆《同行商贾公议戥秤定规碑》规定："合行商贾，会同集头等，齐集关帝庙，公议秤足十六两，戥依天平为则，庶乎较准均匀，公平无私，俱各遵依……。公议之后不得暗私戥秤之更换。犯此者罚戏三台，如不遵者举秤禀官究治。"④ 湖北利川县并无牙行，"惟关庙设有斗市"，商业交易统以会馆斗市为准。⑤ 苏州贩枣商贾"凡枣客载货到苏，许有枣帖官牙。领用会馆烙印官斛，公平出入，毋许妄用私称，欺骗病商"⑥。

---

① 山西省政协《晋商史料全览》编辑委员会编：《晋商史料全览·会馆卷》，山西人民出版社 2007 年版，第 144 页。
② 《汉口山陕会馆志》，光绪二十二年（1896）汉口景庆义堂刻本，第 26 页。
③ 《（民国）吴县志》卷五二上。
④ 张正明、科大卫、王勇红主编：《明清山西碑刻资料选》（续二），山西经济出版社 2009 年版，第 340 页。
⑤ 《（同治）利川县志》卷四《杂税》。
⑥ 江苏省博物馆编：《江苏省明清以来碑刻资料选集》，生活·读书·新知三联书店 1959 年版，第 189 页。

第三，会馆招待商旅，居停货物，为市场交易成本的降低起到了一定作用。山东聊城山陕会馆就是因为旧米市太汾公所"侨寓旅舍几不能容"才修葺了新的会馆。[①] 而会馆为同籍商人提供住宿、存货服务，完全是非营利性质，一般只是在同乡商人的会费或喜金中扣除房租，这为商人节省了不少仓储费用。所以，乾隆年间新上任的苏州粮道携眷占据钱江会馆就引起了商人的不满，会馆向官府提出抗议，理由之一就是官占会馆，"使客货反无依归，势必另为觅地安顿，良多不便"，即增加了商人的仓储成本。后会馆取得胜诉。[②]

正因为会馆在降低市场交易成本方面发挥了很大的作用，《吴县永禁官占钱江会馆碑》中才说："商贸捐资建设会馆，所以便往还而通贸易，或存货于斯，或客栖于斯，诚为集商经营交易时，不可缺之所。"[③] 这准确说明了会馆在降低市场交易成本方面的作用。

当然，会馆在降低市场交易成本的同时，也会产生新的交易成本，这就是同帮商人所交纳的会费。会费一般包括对同籍商人的抽厘、派捐以及入会的会费。

会馆由于有力地降低了市场交易成本，成为同籍商人减少交易成本不可或缺之所，因而，商人才乐于捐输，否则，他们宁肯选择市场协调。这就从一个侧面反映了山陕商人对会馆降低交易成本的认同与支持，并从比较成本和路径选择的角度证明了明清以来工商会馆存在的历史合理性。

---

① 竞放：《聊城山陕会馆》，见穆雯瑛主编：《晋商史料研究》，山西人民出版社 2001 年版，第 424 页。

② 苏州历史博物馆、江苏师范学院历史系、南京大学明清史研究室合编：《明清苏州工商业碑刻集》，江苏人民出版社 1981 年版，第 22 页。

③ 彭泽益主编：《中国工商行会史料集》，中华书局 1995 年版，第 12 页。

第七章

明清时期山陕会馆的管理思想

工商会馆是明清时期以省籍乡缘关系为纽带形成的行帮管理组织和商人自治团体的办事机构、标志性建筑。它既承接着中国行会管理的传统，又糅杂着中国产生市场经济因素后的变化，蕴涵着丰富的管理思想。按照吴承明的观点，商帮是中国产生现代化因子的标志。因此，工商会馆的管理思想也应被视为中国现代管理思想产生的标志，是中国管理思想的重要组成部分。

明清时期，中国商界流传着三句形象的说法，这就是"徽骆驼""晋算盘""陕棒槌"。"徽骆驼"是说徽商以吃苦耐劳而纵横天下；"晋算盘"是说晋商精于计算，以"九毛九"著称；"陕棒槌"则概括了陕商正直厚重、作风硬朗的基本形象和行为特点。

山多地少、土瘠民贫、天寒风烈的生存环境，造就了山陕商人厚重忍韧的共同特征。他们将吃苦勤俭的美德代代传承，形成一种不怕艰苦、不畏风险的精神，一旦有机会，则乘势而起。明清之际，山陕商人转粟换引，携银经商，纵横捭阖，周流天下，贩盐于江淮，输茶于甘陇，鬻布于江浙，销皮于伊蒙，运烟于南洋，捆药于冀鲁，将商业的铁蹄遍踏全国各地，同徽商一道被称为中国明清之际的三大商帮，给中国商界带来了深刻影响。汉口人称他们为"西帮"，《汉口竹枝词》有诗曰："九九归原谁最累，大东道主是西帮。"清代文人郭崇焘在比较清代不同商帮的特点时说："山陕商人经商机巧不如江浙商人，计算智谋不及江西湖广商人，却能世守其业，生意几代相传，皆因质朴而心实也。"另一清代文人薛福成在《庸盦海外文编》中总结山陕商人成功的原因是："皆以忠实为体，勤俭为用，亦颇能创树规模，相嬗不变者数世。"梁启超曾经说："晋商笃守信用。"

第一节　明清山陕会馆承袭了中国儒家传统管理思想

　　明清山陕商人从走上经商之旅开始，就是客地经商，自始至终都面临着商人身份低下的局面。他们首先要处理的是人与人之间的关系，因此，必须寻找共通的文化理念，寻求在异地的立足点。

　　首先，天人合一、中庸之道是中国传统管理思想的精髓。它一方面是说要处理好人与自然之间的关系，不能向自然索取过多，使人和自然保持和谐；另一方面是说要处理好人与人之间的关系，不能过度竞争，要保持人与人之间的和谐。这样，世间万物便能达到生态平衡，自然和社会才能得到发展。

　　明清时期，工商会馆的主题文化正凸显了天人合一的管理宗旨。如河南社旗山陕会馆的主体建筑悬鉴楼上方挂有一巨匾，上书"既和且平"四个大字，同时，石牌坊中坊北面柱子上的对联题额为"既和且平，优入昌域"。"既和且平"四字缘于《诗经》，"既和且平，依我磬声"，正是标榜了会馆管理的儒家传统思想，强调商人处世与经商要讲究以和为贵、公平交易。此匾悬挂在会馆最醒目的位置，表明了会馆管理的思想。山东聊城山陕会馆大门左右两侧便门上各有石刻匾额一方，左为"履中"，右为"蹈和"。"履中"的"履"意为行走，"中"为中正，就是要求商人处世经商应该行为中正。"蹈和"的"蹈"意为踩踏，"和"即协调、平衡、融洽之意，就是要求商人做事以及经商要待人和气，只有和气才能生财。陕西丹凤船帮会馆的主体建筑秦镜楼上有一巨匾，上书"和声鸣盛"四个大字，是告诫商人做生意要和

衷共济、齐心协力，才能把商贸事业发展壮大。河南开封山陕甘会馆的主体
建筑大拜殿两山的悬鱼上也写着"公平交易""义中取财"八个大字。

无论是"既和且平""履中蹈和"，还是"和声鸣盛"，都突出了中国传
统儒家思想。"中也者，天下之大本也；和也者，天下之达到也；致中和，天
地位焉，万物有焉。"这说明会馆的管理者不仅把"中"与"和"看成世界
的根本法则，而且认为按照这一法则，可以使万物各得其所，维持相对的和
谐状态，达到天人合一的境界。这集中反映了商人处于逆旅的处世哲学和经
商心态。

亳州山陕会馆大门旁边的一副巨联上醒目地写着："人有意意有念念有欲
欲有贪贪得无限，道生一一生二二生三三生万万象皆空。"对联开宗明义地告
诫商人，不能对自然和社会索取太多，这样才能保持以一生万的繁荣景象。
汉口山陕会馆财神殿前的一副对联为："开财之源节财之流悉赖神功为主宰，
爵以驭贵禄以驭富多由明德荐馨香。"① 这些都充分表现了山陕商人"欲而不
贪"的人生品格。明末陕西商人樊现就把欲而不贪、索取有节提升到天道的
高度，他总结自己的经商经验时说："谁谓天道难信哉？吾南至江淮，北尽边
塞，寇溺之患独不一与者，天监吾不欺尔！贸易之际，人以欺为计，予以不
欺为计，故吾日益而彼日损。谁谓天道难信哉？"② 明武功人康海更是把"欲
而不贪""索取有节"提升到贾道，即商业规律的高度，他认为："彼不知贾
道也，俟直而后贾，此庸贾。求不失也，可终岁不成一贾。凡吾所为，岁可
十数贾，息固可十数倍矣。"③

---

① 《汉口山陕会馆志》，光绪二十二年（1896）汉口景庆义堂刻本，第29页。
② 〔明〕康海：《康对山先生集》卷三九。
③ 〔明〕康海：《康对山先生集》卷四〇。

其次，中国儒家传统文化中素有以人为本、以义为上、家国情怀、天人合一等基本思想，而儒家管理思想更加重视人在管理过程中的地位，可以说对人的管理是儒家管理理论的核心。人能建立组织结构并实行分工合作的根本原因是人与人之间存着义。同乡商人在异地客乡做生意要和衷共济，在处理与本地商人、同乡商人的关系时要讲究和气生财、以诚为本。对此，苏州《新修陕西会馆碑》认为，陕西商人之所以取得了比较好的经营成绩，是因为在经商中坚持了和气生财、以诚为本的经营之道，其碑文载："吾乡土厚水深，风醇俗朴，人多质直慷爽，词无支叶，不侵为然诺，意所不可，不难面折人非，而胸中朗朗，无几微芥蒂。以故四方之士，乐其易与而谅其心。"①这些都说明，只有坚持处理好人与人之间的关系，树立诚商良贾的市场形象，才能为经商发财奠定良好的基础，使商业经营长盛不衰。对此，清代学者薛福成对明清山陕商人的总结可作为其最好的注脚，他说："中国地博物阜，迥异诸国，前此善通有无者，有徽商，有晋商，有秦商，皆以忠实为伴，勤俭为用，亦颇能创树规模，相嬗不变者数世。"②

第二节　明清山陕会馆以物象形式表达了市场经济的管理思想

首先，明清工商会馆以会馆建筑物象形象地表达了以商求富的创业精神

---

① 江苏省博物馆编：《江苏省明清以来碑刻资料选集》，生活·读书·新知三联书店 1959 年版，第 376 页。

② 陈绍闻主编：《中国近代经济文选》，上海人民出版社 1984 年版，第 375 页。

及管理思想。

中国封建社会，由于政府长期实行重农抑末政策，商人社会地位低下，居四民之末；但商人却是社会中最富有的阶层，他们手中掌握着大量的社会财富。商人为了改变自己低下的社会地位，赢得社会的尊重，常常不惜重资建造恢宏华丽的会馆，以展现自己的经济力量，并从物象形态上表达以商求富的创业精神。如山东聊城山陕会馆的设立，就是因为聊城为"山左明区，地临运漕，四方商贾云集者，不可胜数，而吾山陕为居多"。他们在聊城经商贸易，赚钱发财，为了显示自己的经济实力，修建了闻名遐迩的山陕会馆。该会馆《戏台山门钟鼓亭记》载："东郡商贾云集，西商十居七八，金易酿，故落成亦易。"[1] 汉口山陕会馆也是因为山陕商人在汉口赚了钱，才集资修建的。该会馆财神殿的一副对联表达了他们的这种心态，曰："慕管鲍高风出秦关渡汾河共浮江汉而来千里平安利市更添三倍息，值春秋佳日奏郢曲效楚舞兼采蘋蘩以献一堂礼乐尽城联报十分恩。"[2] 各地的山陕会馆莫不是占地巨大，建筑辉煌。洛阳的潞泽会馆占地 15000 平方米，建筑面积 3700 平方米，成为洛阳有名的景点。开封山陕甘会馆占地 1882 平方米，建筑金碧辉煌。河南周口山陕会馆占地 2100 平方米，有房间 140 间，是周口的文化胜地。河南社旗山陕会馆占地 5400 平方米，是南阳地区的文化名胜。聊城山陕会馆占地 7400 平方米，耗银 49643 两，有房间 160 余间，是山东有名的人文景观。还有一些地处交通要道的市镇的山陕会馆的规模都很大。湖北随州厉山镇山陕会馆占地 32 亩，有 80 余间房屋，为随州八景之一。河南宜阳韩城镇山陕会馆占

---

[1]　山西省政协《晋商史料全览》编辑委员会编：《晋商史料全览·会馆卷》，山西人民出版社 2007 年版，第 234 页。

[2]　《汉口山陕会馆志》，光绪二十二年（1896）汉口景庆义堂刻本，第 30 页。

地 18 亩，有 38 间房屋。湖北沙市沙阳镇山陕会馆面积也很大，可以驻两个团的军队。商人之所以不惜重金建造华丽的会馆，是因为可以从物象上展现自己雄厚的经济实力，提升自己的社会地位；同时，表达了商人处于社会下层而不甘落后、努力改变自己命运的创业精神。

其次，会馆建筑张扬崇商氛围，以物象形式表达了商人大胆追求财富的理性冲动。工商会馆与其他会馆最主要的区别在于，它是商人聚会办公的地方。因此，会馆建筑和布局都张扬着崇商精神。在封建社会重农抑末的政策导向下，社会长期形成了轻商、贱商的思想观念。在这种情况下，商人建造会馆时常常会大肆张扬会馆的商业文化气氛，以冲破传统的思想桎梏，这正是明清社会市场经济因素萌芽在会馆建筑上的反映。各地的山陕会馆建筑都有一个非常显著的特点，就是会馆门前竖有万吨重的铁旗杆。如河南社旗山陕会馆、湖北老河口陕西会馆、河南潢川陕西会馆、安徽亳州山陕会馆门前都有铁旗杆。这些铁旗杆一般都铸有腾飞的盘龙和金钱形的云斗。河南社旗山陕会馆"大拜殿月台望柱所雕刻的石狮前爪之下未踩绣球，却按着一串铜钱，并立于中坊之前道东侧月台石第一根望柱之上最瞩目之位，会馆建筑装饰之崇商色彩可见一斑。大拜殿第一层西北面……侧雕一算盘，也是崇商意识的表现"，"西廊房额枋雕刻，左侧雕一钱串，右侧为精美逼真之算盘，成为会馆一大特色"。① 河南开封山陕甘会馆的西廊房木雕门饰上刻有棋、琴、书、算（算盘）的图案，表现了商人在商言商、以计算作为人生乐趣的观念。工商会馆建筑上的崇商雕饰，以物象形态向人们宣告了明清中国商人的价值理念和文化追求。铁旗杆上腾飞的铁龙，向世人宣扬了商人希冀中国腾飞的

---

① 河南省古代建筑保护研究所、社旗县文化局编著：《社旗山陕会馆》，文物出版社 1999 年版，第 351—366 页。

铁血之心，钱形方斗更是向世人昭示了商人期盼发财致富的价值取向。在封建社会"君子不言利"的社会风气下，商人公然把追求金钱作为自己的人生目标，把精于计算作为自己的人生乐趣，高举着拜"金"主义的钢铁旗帜，这是十分大胆的举动。这同15世纪英国重商主义者宣告"追求赚钱发财是资产阶级的历史使命"有惊人的相似之处，表现了中国商人意欲冲破自然经济和封建伦理道德的束缚，要求经商致富的理性冲动。

再次，会馆建筑与神灵崇拜相结合，以物象形式表达了商人要求冲破封建等级限制、借神致富的经营智慧。封建社会等级森严，服饰、屋宇均有严格的等级规定，不得僭越。各地山陕会馆都崇祭关公，故山陕会馆又被称为"关帝庙"或"三义庙"。会馆建筑与神灵崇拜相结合，反映了商人要求冲破身居四民之末、作为社会最下层的身份限制，借庙宇使会馆建筑机智地逾越了政府关于房屋建筑的限制，为会馆建筑争取到了巨大的发展空间，使其一开始就立足于庙堂建筑的平台之上，每每歇山重檐、雕龙饰凤、金碧辉煌，呈现出宫殿式的建筑规格。这也是山陕会馆成为各地名胜的主要原因。同时，会馆建筑与神灵崇拜相结合，反映了商人借助神灵提升自己社会地位、张扬本土文化优势的经营策略。关公在明清以后被统治阶级抬升到"天下共神"的高度，成为与皇帝共管天上、人间诸事的绝对权威。山陕商人将关公作为崇祭对象，就把山陕文化一下子提升到与关帝位置相等的地步，为自己在异地他乡开创经营贸易的新局面做了最好的广告宣传。正如汉口山陕会馆《增制宝幔銮仪碑记》所言，山陕商人之所以捐赠宝幔、旗帜、伞盖，说到底是因为"悦神灵而壮观瞻"[①]。"悦神灵"是手段，"壮观瞻"才是真实目的，即为经营事业开辟发展道路，扩大自身在客乡的影响。

---

① 《汉口山陕会馆志》，光绪二十二年（1896）汉口景庆义堂刻本，第47页。

以上均说明，明清以来产生的工商会馆，并不是对传统管理思想的简单承袭，它一开始就以与传统不同的姿态登上了历史舞台，承载着市场经济因素带来的新变化，体现了商人要求冲破自然经济和封建伦理道德的限制，要求在市场经济因素条件下经商致富的崭新社会意识和时代要求。

第三节　明清山陕会馆的行规业律体现了行业自觉和商人自律

古代中国重农抑末的政策，只是在宏观上协调了农、工、商的比例关系，将商品经济限制在不冲击和不伤害自然经济的范围之内，但对市场的具体运作，官府采取了不多加干涉的自由放任政策。《清高宗实录》卷三二四载，乾隆皇帝认为："大概市井之事，当听民间自为流通，一经官办，本求有益于民，而奉行未协，较多扞格。"在这种情况下，商人的市场行为没有法定规则可循，在利益的驱动下，不正当竞争行为泛滥，因而明清以来的市场呈现出无序的状态。明《朝邑县志》记述了这种变化，言明代以后，"近或以少凌长，以贫效富，聚讼纠纷，所争者铢两，而费以不赀"①。顾炎武在《歙志风土论》中描绘的清代市场竞争的情形是"商贾既多，土田不重，操资交接，起落不常，能者方成，拙者乃毁，东家已富，西家自贫，高下失均，辎珠共竞，互相凌夺，各自张皇。于是诈伪萌矣，诈争起矣"②。在这种情况下，商人为了维持市场运作的正常秩序，维护自己的正当利益，不得不自发地组建

---

① 胡朴安：《中华全国风俗志》（上册），河北人民出版社1988年版，第211页。
② 〔清〕顾炎武：《天下郡国利病书》卷三二。

会馆厘定行规业律。

问题在于，学术界长期以来将工商会馆制定的行规业律视为会馆封建性的具体表现，因其有排他性、垄断性而予以全盘否定。但就笔者的研究而言，工商会馆的排他性、垄断性主要表现在行业会馆而非行帮会馆。为此，必须严格区分行帮会馆和行业会馆的性质。行帮会馆即通常所说的商人会馆，它是以省籍乡缘关系为纽带组成的商帮管理组织和商人自治团体，是工商会馆产生初期的一般形态，因而它一般包括同籍商人中不同的行业帮口。如光绪年间重修汉口山陕会馆时，捐资的山陕商人就分属 23 个行帮。① 只是后来随着商品经济的发展，生产专业化分工的进步，原来包含在行帮会馆中的手工业帮口开始分化出来，组成专门的行业会馆，淡化了工商会馆中的地缘关系，强化了不同地缘之间的业缘关系。这种行业会馆，具有垄断性和排他性，限制了生产的发展。早期商业会馆主要是同一乡缘商人在流通领域的集合体，他们厘定行规业律，更多的是为了规范市场竞争的正常秩序，维护市场运行的正常条件，因而很少发现这些行规业律带有明显的排他性和垄断性。对此，范金民有比较客观的认识，他说："把这样的地域性会馆公所不加区分，一概说成是对内限制发展、对外排斥竞争的封建行会组织，确实从理论上和史实上都是站不住脚的，也是不符合历史实际的。"② 笔者研究所得与其完全一致。

就目前所掌握的 360 所有文字记载的山陕会馆的研究所见，其所厘定的行规业律基本上都是对市场运作和市场行为的规定，也就是对流通领域的限制，很少发现他们对生产领域有具体的限制和规定。如：陕西龙驹寨船帮会馆《惩戒不义行为碑》、社旗山陕会馆《同行商贾公议戥秤定规概》、社旗山

① 《汉口山陕会馆志》，光绪二十二年（1896）汉口景庆义堂刻本，第 4 页。
② 范金民：《国计民生——明清社会经济研究》，福建人民出版社 2008 年版，第 287 页。

陕会馆《公议集货行规碑记》、开封山陕甘会馆《山陕会馆晋蒲双厘头碑记》、汉口山陕会馆《公同议定抽捐条规》、聊城山陕会馆《山陕众商会馆续拨厘金碑记》、聊城山陕会馆《山陕会馆接拨厘头碑记》、陕西旬阳蜀河镇船帮会馆《蜀河镇船帮会馆杨泗庙行船公议章程》、河南洛阳山陕会馆《东都马市街山陕众商积金建社碑记》、陕西紫阳山陕会馆《杜争端而安行旅碑》、湖北襄阳山陕会馆《功德不昧碑》、河南北舞渡镇山陕会馆《敬献供器与买地碑》、河南周口山陕会馆《重修关帝庙岁积厘金记碑》、河南周口山陕会馆《厘金碑记》、湖北应山县陕西会馆《布帮公议规程碑》、江苏镇江山陕会馆《重议庙会条规碑记》、北京陕西同乡会《陕西旅京同乡会章程》、北京陕西汉中十二邑会馆《陕西汉中十二邑会馆管理规则》。

仔细分析这些行规可以发现，基本上都是对贸易领域市场行为的具体规定和对不正当竞争行为的限制，看不到对内限制发展、对外排斥竞争的所谓封建性。

这些行规业律就其制定的指导思想而言，主要体现了明清以来商人的行业自觉和自律精神。

首先，明清工商会馆制定的行规业律，反映了商人的行业自觉。因为在封建官府对市场的具体运作采取自由放任的管理体制下，市场竞争必然引发大量的不正当竞争行为，而市场的正常发育又要求建立相应的市场规范。在这种情况下，商人顺应市场经济因素发展的需要，在会馆的组织下制定各种规章制度，将无序的市场纳入有规则的轨道，这是明清以来中国商业和商人发展成熟的一个重要标志，深刻地表现了商人的行业自觉。

其次，明清工商会馆制定的行规业律，体现了商人的自律精神。明清工商会馆的行规业律是商人自发制定和相约遵守的行为规范，它同唐宋以来行会制定的行规的区别在于，后者是由官府制定的，带有政府的强制性意志；

而前者却是商人自发制定的，反映了商人要求按照富有中国传统的诚信规则，发展经贸事业、协调自己和其他商人之间关系的需求。

一首清代的陕西商谚体现了这一状况：

> 人生在世信为先，心口如何有两般。
>
> 买卖只求三分利，经营休挣哄人钱。

第四节　明清山陕会馆的管理功能展现了东方式的人文关怀

明清工商会馆的管理功能包括联乡谊、敬神庥、讲惩罚、办义举等，但执行过程中却充满了东方式的人情味，具有早期行为科学的雏形，表现了会馆对同乡商人无微不至的人文关怀。

一是联乡谊。会馆通过联乡谊活动，以乡土亲缘关系把同籍商人紧紧地团结起来，使商人体会到乡情乡音的人际关怀。更为难能可贵的是，明清时期的工商会馆把联乡谊活动与开发同乡人际资源、推进商贸事业的发展联系起来，使联乡谊活动打上了深深的商业运作的烙印。

二是敬神庥。会馆通过敬神庥的宗教文化活动，抚慰了商人在面对市场竞争时所产生的恐惧心理。市场经济是竞争经济，优胜劣汰、贫富分化是市场竞争的不移规律。商人面对人生地疏、久滞逆旅的人生境遇，对潮起潮落的市场充满了恐惧；同时，希冀在异地他乡发财致富，衣锦还乡。面对同乡商人这种恐惧与希望同在的心态，会馆通过祭祀同乡神灵的宗教活动，帮助商人从中汲取某种精神力量。

三是讲惩罚。会馆厘定行规业律，在执行中必然有惩有罚。而明清工商会馆的惩罚行为，并不像西方行会那样充满着严刑峻法，而是有东方商人温情脉脉的人情味，无非罚饭三桌、罚戏一台，这也表现了东方商人的幽默感和生活情趣。

四是办义举。举办各种公益事业，为同乡商人在异地的活动提供各个方面的社会保障，使其幼有所教、伤有所疗、老有所养、丧有所停。明清时期，各地的山陕会馆都办有义园、福地，为同乡商人提供疗伤、停疾和丧葬等各个方面的服务，这免去了同乡商人的后顾之忧。汉口山陕会馆就建有瘗旅公所，使贸易汉口的商人"有义阡以埋葬，有公所以停柩"①，从而体现了对商人生命的关怀。

明清以来工商会馆的管理思想，既传承着中国传统思想，又糅杂着现代化因素带来的新变化，是中国现代管理思想的新起点。特别是会馆管理过程中所体现出来的人文关怀，更凸显了会馆管理思想中的中国文化特色。

---

① 《汉口山陕会馆志》，光绪二十二年（1896）汉口景庆义堂刻本，第35页。

附　录

附录1　明清时期山陕会馆全国分布统计表

序号	地点	会馆名称	创建及沿革	资料来源①
北京（45）				
1	宣武门外	关中会馆	御史大夫温纯于天启年间捐修	胡春焕、白鹤群：《北京的会馆》，中国经济出版社1994年版
2	八角琉璃井胡同	渭南会馆	建于康熙年间，由三大院组成，为南姓官员后人兴建，另在臧家桥、前孙公园、潘家河沿有附产3处	
3	四川营	延安会馆	建于清初，原在崇文门外芦草园，嘉庆后迁于此，更名为肤施会馆，道光末年改为延安会馆，另在铁树斜街、棉花二条有附产	
4	大外郎营	泾阳会馆	建于清末，在教场条有附产	
5	五道街	三原会馆	在京师共有六处	
6	小沙土园家道	富平会馆	建于乾隆三十六年（1771），民国多为同官（铜川）商人所居，中进士53名，位列全国市县第8名，供乡贤李因笃	
7	东砖胡同	蒲城会馆	建于乾隆年间，初为王杰府邸，后捐为会馆，分西、北两馆，由六进院构成。另，天启年间在虎坊桥设有蒲城会馆，康熙年间在京官王仁、王琼支持下移新馆，供关帝。后在教场五条筑新馆	

① 表中未注明"资料来源"的均出自当地市、县、镇政府官网。

续表

序号	地点	会馆名称	创建及沿革	资料来源
8	烂漫胡同	汉中会馆（南郑会馆）	城固康进士和南郑人王玉延集资合建于嘉庆年间。另，在北报庵有附产	
9	玄武门外大街	关中会馆	建于乾隆十五年（1750），为京官长安人王字章私寓，捐为会馆。另一处在保安寺街，建于乾隆二十六年（1761），王杰中状元后倡设陕籍会馆。在九天庙有附产	胡春焕、白鹤群：《北京的会馆》，中国经济出版社1994年版
10	晋太胡同	韩城南北馆	分南、北两馆，六进院构成，南院为王杰府邸，在九天庙有附产	
11	南极巷	华州会馆	有房百余间，建于清初，有六院十四间，分别题为天、地、玄、黄、宇、宙	
12	北极巷	榆林会馆	建于雍正末年。榆林佳县米脂人创建	
13	椿树二条	合阳会馆	建于光绪年间	
14	宣武门外	商州会馆	京人称为雪园	
15	烂漫胡同	宁羌会馆	建于道光年间	
16	宣武门外	咸长会馆	京官王吉相家属捐为会馆	
17	北京	三原会馆	明万历年间三原温纯捐修。置有邑会馆，使士人得错居而杂处，或以谈艺业，或以通燕好	《（万历）三原县志》卷一九
18	前孙公园	大荔（朝邑）会馆	建于乾隆五十五年（1790），大荔富商路超吉捐购，在宣武门外铁老鹳庙共建三院。在臧家桥有附产	《大荔县稿》卷四
19	永光寺	凤翔会馆	凤翔富商武运见凤郡人试春闱就屋而居，达观之创建凤翔会馆，公车使之。后，其子武肃尝拓凤翔会馆，以继父志。北极巷有附产，建于嘉道年间	〔清〕佚名纂：《岐山县乡土志》光绪三十四年（1908）抄本

续表

序号	地点	会馆名称	创建及沿革	资料来源
20	前外芦草园	颜料会馆	明中叶山西平遥颜料商建	
21	前外打磨厂	临汾东馆	明代山西临汾商建，乾隆年重修	
22	前外晓市大街	临襄会馆	明代山西临汾、襄陵商建。原名山右会馆，康熙五十三年（1714）改名	
23	前外大栅栏	临汾西馆	明代临汾商建，清重修	
24	广内炉神庵	满安会馆	明代潞安铜、锡、炭商建	
25	南堂子胡同	太平会馆	清初太平县商建，乾隆四年（1739）重修	
26	广安门大街	河东会馆	清雍正五年（1727）河东烟商建	
27	小蒋家胡同	晋翼会馆	清雍正十一年（1733）翼城商建	李华编：《明清以来北京工商会馆碑刻选编》，文物出版社1980年版
28	粉房琉璃街	解梁会馆	山西解州商建	
29	虎坊桥	曲沃会馆	曲沃县商建	
30	皮库营	太原会馆	太原商建	
31	椿树二条	盂县会馆	盂县氆氇商人嘉庆二年（1797）建	
32	前外西柳树井	平定会馆	平定州商人建	
33	前外佘家胡同	襄陵北馆	襄陵县商人建	
34	虎坊桥	襄陵南馆	清初襄陵商建	
35	右内白纸坊	手工业造纸同业公会	山西造纸商建	
36	通县教子胡同	正州晋翼会馆	清乾隆四年（1739）翼城商建	

序号	地点	会馆名称	创建及沿革	资料来源
37	粉房琉璃街	汾水会馆	山西商建	〔清〕朱一新：《京师坊巷志稿》
38	西河沿	代州会馆	代州商人建	
39	小蒋家胡同	河东会馆	河东商建	
40	小蒋家胡同	平阳会馆	临汾商建	
41	三条胡同	临汾会馆	临汾商建	
42	鹞儿胡同	平介会馆	乾隆年平遥、介休商建	仁井田升主编：《北京工商行会资料集》（第 1 册），东京大学东洋学文献中心 1974 年版
43	河东杂粮街	山西会馆	西客烟行聚议之所	刘文峰：《山陕商人与梆子戏》，文化艺术出版社 1996 年版
44	锅店街	山西会馆	凡山西盐当杂货等商祀关帝	
45	崇文门外缨子胡同	延邵纸商会馆	西商辐辏，事剧人稠，凡所以沐神庥，理应报视，上输以国课，须集众思，兼之办公事，联乡谊，历久分散借地，从无定所。于嘉庆十二年（1807）公同立议创起会馆	王日根：《乡土之链——明清会馆与社会变迁》，天津人民出版社 1996 年版
陕西（43）				
46	西安	金龙庙布帮会馆	在东关金龙庙，为布帮报神之所，建于明代	《西安文史资料》（第 14 辑）
47	西安	山西会馆	在索罗巷，由山西商人所建	《陕西文史资料》（第 16 辑）
48	西安	三晋会馆	在西大街梁家牌楼	《西安文史资料》（第 2 辑）

续表

序号	地点	会馆名称	创建及沿革	资料来源
49	西安	澄城会馆	在五味什字	《碑林文史资料》（第9辑）
50	西安	华州会馆	在所花布园街	
51	西安	鄠县会馆		《（民国）鄠县志》卷二
52	西安	药材会馆	在长乐坊，为山陕药材商人所建	《西安文史资料》（第14辑）
53	泾阳	山西会馆		刘安国：《陕西交通挈要》，中华书局1928年版
54	西安	大荔会馆	在西安鼓楼北化觉巷，由大荔富商集资修建	《大荔县志稿》卷四
55	凤翔	山陕会馆（敬诚会馆）	建于清代	《凤翔县志》，陕西人民出版社1991年版
56	周至	周至会馆（定空寺）	由周至商民集资共建	《周至县志》卷二
57	西安	礼泉会馆	建于清代初年，民国后，该处为礼泉同乡会	《礼泉县志》卷四
58	永寿县监军镇	山陕会馆（财神庙）	建于乾隆三十二年（1767）	《永寿县志》卷二
59	洛川隆坊镇	山陕会馆（关帝庙）		《洛川县志》卷二
60	西安	渭南会馆	由渭南富商贺士英捐资3500两，购房450间，在西安北院门	《续修渭南县志》卷八
61	石泉	山陕会馆	建于道光二十二年（1842）	《石泉县志》卷一
62	汉阴	山陕会馆		《汉阴县志》卷二
63	紫阳	山陕会馆	紫阳最为雄伟、保存最为完好的会馆	《华商报》2000年10月30日

序号	地点	会馆名称	创建及沿革	资料来源
64	丹凤	船帮会馆（花戏楼）	建于明代，嘉庆年间重修，位于丹江北岸，建筑群占地 5640 平方米，有房屋 20 余间	《丹凤县志》，陕西人民出版社 1997 年版
65	丹凤	盐帮会馆（紫云宫）	建于光绪二十二年（1896）	
66	丹凤	马帮会馆（马王庙）	建于嘉庆二十二年（1817），由陕西咸宁县、临潼县、渭南县、蓝田县等众骡客捐资修建	
67	丹凤	青器会馆（大王庙）	建于雍正五年（1727），由陕西青瓷商人集资修建	
68	山阳漫川关	山陕会馆（关帝庙）		《山阳文史资料》（第 8 辑）
69	礼泉	礼泉会馆（关帝庙）	最早为左公祠，祭祀左文襄公，后为工商会馆居之	《（民国）礼泉县志》卷四
70	西安	鞋帮会馆	建于光绪十三年（1887），祭孙膑，占地 1000 平方米，有廊庑、正殿，在北柳巷口	《看陕西》，载《山东画报》2003 年第 42 期
71	西安	兴平会馆	1911 年建，在西安大麦市街，6 间 2 院	《兴平文史资料》（第 8 辑）
72	西安	裁缝会馆	在东木头市	《碑林文史资料》（第 9 辑）
73	西安	银匠会馆	在南大街油店巷	
74	西安	药材会馆	在索罗巷	
75	西乡	山陕会馆	嘉庆年间建	蔡云辉：《会馆与陕南城镇社会》，载《宝鸡文理学院学报》（社会科学版）2003 年第 5 期
76	城固	山陕会馆	道光年间建	
77	白河	陕西会馆	嘉道年间建	
78	镇坪	陕西会馆	道同年间建	

续表

序号	地点	会馆名称	创建及沿革	资料来源
79	商州竹林关	山陕会馆		《商洛地区交通志》，陕西人民出版社1993年版
80	镇安	关中会馆		《镇安县乡土志》，光绪三十四年（1908）刻本
81	丹凤龙驹寨	关中会馆	西街西火神庙，约8亩，毁于清末	屈大宝、侯甬坚、童正家：《水旱码头——龙驹寨》，三秦出版社2003年版
82	汉阴县	山陕会馆	东关，祀关帝，乾隆三十二年（1767）客民建	《（嘉庆）汉阴厅志·建置志》
83	旬阳蜀河镇	山陕会馆（三义庙）	该镇八大绅商之一陕帮建	《西部论坛》2003年第3期
84	华阴岳镇	山西会馆	当地最著名建筑	《华县续志》卷一，民国二十三年（1934）刻本
85	凤翔	山陕会馆	有渭南帮、西安帮两馆	东亚同文会编纂：《中国省别全志·陕西卷》，东亚同文会印行1918年版
86	汉中	山陕会馆		
87	兴安府	山陕会馆		
88	白河县	陕西会馆		
甘肃（35）				
89	兰州	骊陕会馆	康熙四十七年（1708）为秦商所建，在山字石附近	刘向东主编：《兰州市服务业志》，甘肃人民出版社1991年版
90	兰州	陕西会馆	建于咸丰五年（1855），在贡院巷	
91	兰州	山陕会馆	宣统年间所建	
92	兰州	韩城会馆	旅陇韩朝城、朝邑秦商所建	甘肃政协委员赵德元访问记录

续表

序号	地点	会馆名称	创建及沿革	资料来源
93	榆中	西会馆	天启元年（1621）由秦商建	刘文峰：《山陕商人与梆子戏》，文化艺术出版社 1996 年版
94	甘谷	山陕会馆	嘉庆十五年（1810）建	
95	景泰	陕山会馆	咸丰五年（1855）建	
96	景泰八道泉镇	三圣庙	建于道光二十九年（1849），有铜旗杆	林竞：《蒙新甘宁考察记》，刘满点校，甘肃人民出版社 2003 年版
97	张掖	陕西会馆	光绪二十六年（1900）建	刘文峰：《山陕商人与梆子戏》，文化艺术出版社 1996 年版
98	临夏	山陕会馆	清中叶建，有中殿、戏楼、东西厢房、花园、花厅，供关羽像，在西部有义地	
99	永昌	东会馆	清中叶修	
100	武山县滩歌镇	山陕会馆	建于道光年间	
101	永登县	山陕会馆	现保存完好	
102	酒泉	陕西会馆	清代建	刘文峰：《山陕商人与梆子戏》，文化艺术出版社 1996 年版
103	古浪土门镇	陕西会馆	清代建	
104	古浪大镇	陕西会馆	清代建	
105	敦煌	山陕会馆	嘉庆十四年（1809）建	
106	合水	关帝庙		《合水县志》卷二
107	夏河	山陕会馆		《夏河县志》卷六

序号	地点	会馆名称	创建及沿革	资料来源
108	狄道	关帝庙	州西门外，乾隆二十三年（1758）建	《（乾隆）狄道州志》卷五
109	通渭	山陕会馆	建于西关中街报恩寺东	《（光绪）通渭县志》卷三
110	康县	陕甘会馆	有戏楼，楼房辉煌，为名胜之地	《（民国）康县志》卷九
111	武威	陕西会馆		高良佐：《西北随轺记》，雷思海、姜朝晖点校，甘肃人民出版社 2003 年版
112	天水	陕省会馆	建于北街	
113	平凉	山陕会馆	在平凉东关，山陕商人建	
114	定西	山陕会馆		
115	临水	山陕会馆		
116	陇西	山陕会馆		
117	成县	山陕会馆		
118	兰州	陕西新会馆	在曹家厅中段	《兰州晨报》2011 年 7 月 14 日
119	榆中县青城镇	陕西会馆西会馆		《兰州日报》2012 年 6 月 9 日
120	会宁	山陕会馆		《白银日报》2014 年 8 月 29 日
121	文县碧口镇	陕西会馆忠义宫		《陇南报》2003 年 2 月 3 日
122	岩昌县	陕西会馆		
123	宕昌县哈达铺	山陕会馆		哈达铺红军长征纪念馆

续表

序号	地点	会馆名称	创建及沿革	资料来源
四川（56）				
124	重庆	陕西会馆（三元庙）	后与江西会馆等合称"八省会馆"	王日根：《乡土之链——明清会馆与社会变迁》，天津人民出版社1996年版
125	灌县	秦晋会馆	后与湖广等总称为"七省会馆"	《灌县志》卷一三
126	西昌	山陕会馆		《西昌县志》卷一六
127	犍为	陕西会馆		《犍为县志》卷七
128	安县	陕西会馆		《安县志》卷五六
129	叙永	陕西会馆（春秋祠）	在西大街，建于光绪二十六年（1900），有乐楼、走楼、正殿等，面积2500平方米，曲池跨以石桥	国家文物事业管理局主编：《中国名胜词典·四川分册》，上海辞书出版社1981年版
130	双流	陕西会馆（秦宁宫）	在沿南城内，祭祀关帝	《双流县志》卷一
131	万县	陕西会馆三圣宫		《万县志》卷七
132	松潘	陕西会馆	城内正街路东	《松潘县志》卷五
133	温江	秦晋会馆	在文明门外	《温江县志》卷四
134	绵竹	陕西会馆	建于乾隆九年（1744），另在富新等八场设有八馆	《绵竹县志》卷四
135	成都	陕西会馆	在南陕西街，建于康熙二年（1663），嘉庆二年（1797）重修，光绪二十二年（1896）由秦商重修，有铁旗杆二，有正殿，另有炯龙山义地二区，叫"甘露亭""露泽寺"，各占地5亩	《（同治）成都县志》卷二
136	成都三河场	陕西会馆	建于乾隆五十二年（1787）	

续表

序号	地点	会馆名称	创建及沿革	资料来源
137	成都	陕甘公所	沿北德胜亭西，道光二十七年（1847）陕甘同乡捐资公建	
138	什邡	陕西会馆	由岐山金盛号捐资修建，在丁家亭口	《（民国）重修什邡县志》卷七
139	荥经	西秦会馆	康熙三十四年（1695）修，道光九年（1829）重修，占地3200平方米，耗银5万两	《荥经县志》卷二
140	金堂	陕西会馆		《（嘉庆）金堂县志》卷一
141	康定	山陕会馆（关帝庙）	在城东门内，乾隆五十八年（1793）重修，有殿画、塑像、铁旗杆三绝	中央民族学院图书馆编：《打箭炉志略》
142	万源	陕西会馆（朝天宫）	城东门内，民国十七年（1928）重修	《万源县志》卷二
143	万源竹峪关	陕西会馆	后称"三省会馆"	
144	万源田露乡	王爷庙	乾隆年间川陕船帮修	
145	彭山	陕西会馆		丁世良、赵放主编：《中国地方志民俗资料汇编》（西南卷），书目文献出版社1991年版
146	会理	陕西会馆（三公祠）	道光元年（1821）建，耗银1955缗	《会理州志》卷七
147	巴塘	陕西会馆	行馆颇高洁	〔清〕魏源：《圣武记》，文海出版社1967年版

序号	地点	会馆名称	创建及沿革	资料来源
148	乍雅	关帝庙	陕人行馆	姚莹：《康酋纪行》卷二
149	梓潼	陕西会馆	嘉庆十一年（1806）修，道光元年（1821）重修，耗银3000余缗	《梓潼县志》卷三
150	宜阳	山陕会馆	建于乾隆三十年（1765），占地1.8亩，有正殿、戏楼	《宜阳文史资料》（第3辑）
151	江津	陕西会馆（三元庙）	在真武场	孙晓芬编著：《明清的江西湖广人与四川》，四川大学出版社2005年版
152	三台	陕西会馆		
153	盐源	陕西会馆		
154	邛崃	陕西会馆（秦晋会馆）	在北街路东，有积谷仓数十间，铺面若干间，隙地若干亩，还设有私塾	
155	阿坝州	陕西会馆	在金山县城厢镇龙河村	《阿坝州志》，民族出版社1994年版
156	青神县	陕西会馆	在县东街	《青神县志》，成都科技大学出版社1994年版
157	天全县	陕西会馆	在新场下街	《天全县志》，四川科技大学出版社1997年版
158	至乐县	陕西会馆	建于道光二年（1821）	《至乐县志》，四川人民出版社1995年版

序号	地点	会馆名称	创建及沿革	资料来源
159	中江县	陕西会馆	在苍山镇	《中江县志》，四川人民出版社 1994 年版
160	鄯县	陕西会馆		《鄯县志》，四川人民出版社 1989 年版
161	双流县东升镇	陕西会馆	陕西街	
162	绵阳市安县	陕西会馆		
163	秀水镇	陕西会馆	陕西街	
164	绵阳市	陕西会馆	陕西街，陕西巷	
165	阆中县	陕西会馆西秦会馆三元宫	有秦商怀土堆成的土山"秦堆"	《南充晚报》2011 年 12 月 11 日
166	剑阁县	陕西会馆	陕西街	
167	元山镇	武圣宫		
168	茂县凤仪镇		陕西街	
169	理县	陕西会馆	陕西街	《文史空间》（第 22 辑）
170	简阳万桥镇	陕西会馆	陕西街	
171	绵阳江油市	陕西会馆	陕西街	《绵阳晚报》2012 年 3 月 2 日
172	江油青莲镇	陕西会馆	名贤路	《绵阳晚报》2012 年 3 月 2 日
173	盐亭县	陕西会馆		

序号	地点	会馆名称	创建及沿革	资料来源
174	云溪镇	昙云庵		
175	广汉	陕西会馆	陕西街	
176	合江县	陕西会馆	陕西街	
177	清河镇	陕西会馆	陕西街	
178	简州	陕西会馆	陕西街	
179	雅安	陕西会馆	陕西街	
湖北（40）				
180	汉口	山陕会馆（西关帝庙）	建于康熙二十二年（1683），嘉庆、光绪年间重修，在循礼路北，占地1万平方米，有山门、过厅、戏楼、东西厢房、正殿、南北配殿、后花园、小戏楼，春秋楼还有义园3处	《汉口山陕会馆志》，光绪二十二年（1896）汉口景庆义堂刻本
181	老河口	陕西会馆	临江门内	《（光绪）光化县志》卷三
182	房县	山陕会馆	西关街北	《（同治）房县志》卷七
183	钟祥	山陕会馆	康熙年间建于南门外大街，坐西朝东，内有戏楼一所	《（同治）钟祥县志》卷五
184	当阳	山陕会馆（关帝宫）	一在东门外，乾隆年间建，咸丰中重修；一在清溪涧	《（民国）当阳县志》卷九
185	京山	陕西会馆	陕西商民建	《（光绪）京山县志》卷二
186	郧阳	山陕庙	在西关内，乾隆六年（1741）山陕商人建，为两省会馆	《（嘉庆）郧阳县志》卷三
187	随州	新关帝庙	康熙中建山西会馆，道光初易名为山陕会馆	《（同治）随州志》卷一四

序号	地点	会馆名称	创建及沿革	资料来源
188	郧西	山陕会馆（三公祠）	在南门外，祀关帝，山陕两省客民遂以此为会馆。清康熙四十八年（1709）知县建关帝庙，雍正九年（1731）知县建三代祠于庙后，乾隆二十五年（1760）山陕客商遂以此为会馆	《（民国）郧西县志》卷二
189	荆州	陕西会馆		《（光绪）荆州府志》卷四
190	江陵	山陕会馆		《（光绪）安陆府志》卷五
191	石首	山陕会馆		
192	公安	山陕会馆		
193	安陆	山陕会馆	在府西门内，为客民虔奉关帝之所，恢宏壮丽，道光初年建	
194	竹山	陕西会馆	附籍秦人皆各有会馆	《（乾隆）竹山县志》卷一
195	黄陂	春秋阁	陕西商民建	《黄陂县志》卷二
196	安远	关帝庙	山陕商民建	《（同治）安远县志》卷一
197	咸丰	秦鄂祠	在县署大堂右侧	《（同治）咸丰县志》卷七
198	孝感	山陕会馆（三元宫）	位于县城西河街，建于乾隆四十八年（1783）	《孝感文史资料》（第5辑），1988年
199	钟祥旧口镇	山陕会馆	在旧口二中内，围墙每一块砖都有"山陕馆"三字，建于明朝	
200	沙市（金龙寺）	秦晋会馆	赶马台口	《（乾隆）江陵县志》卷九
201	光化	陕西会馆	在临江门内	《（民国）光化县志》卷四

序号	地点	会馆名称	创建及沿革	资料来源
202	襄阳	山陕会馆	在中山大街内	
203	应山	陕西会馆	建于道光年间	彭泽益编：《中国近代手工业史资料》（第2册），生活·读书·新知三联书店1957年版
204	黄梅	山陕会馆		《（同治）黄梅县志》卷二
205	均州	山陕会馆		《（光绪）均州府志》卷二
206	襄阳	山陕会馆		《（同治）襄阳府志》
207	宜昌	山陕会馆		《宜昌府志》卷二
208	随州厉山镇	山陕会馆	建于雍正年间	《随州文史资料》（第4辑）
209	云梦	山陕会馆		《云梦县志略》卷一
210	沙市沙洋镇	山陕会馆		《荆门文史资料》（第6辑）
211	均州孙家湾	山陕会馆		
212	武汉	山陕会馆	陕西路	
213	丹江口市六里坪孙家湾村	山陕会馆		《孙家湾村志》卷六
214	竹山县	山陕会馆		
215	天门县岳口镇	陕帮会馆春秋阁		
216	谷城县	山陕会馆		

序号	地点	会馆名称	创建及沿革	资料来源
217	宜都	山陕会馆		
218	荆门	山陕会馆		钟祥市博物馆馆史
219	枣阳县鹿头镇	山陕会馆		
河南（53）				
220	洛阳	山陕会馆	创于清康熙年间	贺官保编：《洛阳文物与古迹》，文物出版社1987年版
221	开封	山陕甘会馆（山陕庙）	建于乾隆三十年（1765），由山陕两省客商购得中山王徐达后裔的府邸修成山陕会馆，光绪年间甘肃商人加入，又扩充为山陕甘会馆	程民生：《市井拾遗——开封风情》，河北大学出版社2003年版
222	朱仙镇	山陕会馆	创建时间不详	陈清义编著：《中国会馆》，华夏文化出版社1999年版
223	舞阳	山陕会馆	创建于道光五年（1825），由舞阳的山陕陆陈行商人同建	国家文物事业管理局主编：《中国名胜词典·河南分册》，上海辞书出版社1983年版
224	淅川	山陕会馆	嘉庆十一年（1806）山陕商人建	《（咸丰）淅川厅志》卷一
225	伊川	山陕会馆	建于明代万历年间	刘文峰：《山陕商人与梆子戏》，文化艺术出版社1996年版

序号	地点	会馆名称	创建及沿革	资料来源
226	上蔡	山陕会馆	建于明嘉靖年间	李清晶、赵继昌：《山陕会馆建筑结构》，见《上蔡文史资料》（第2辑）
227	郏县	山陕会馆	建于康熙三十三年（1694）	国家文物事业管理局主编：《中国名胜》，上海辞书出版社1983年版
228	禹县	山陕会馆	建设年代不详	刘文峰：《山陕商人与梆子戏》，文化艺术出版社1996年版
229	周口	山陕会馆	创建于康熙三十二年（1693）	
230	沁阳	山陕会馆（八府寺）	建设时间不详	《（道光）沁阳县志》卷二
231	确山县	山陕庙	建于乾隆元年（1736）	《（民国）确山县志》卷三
232	道口	山陕会馆		东亚同文会编纂：《中国省别全志·河南卷》，东亚同文会印行1918年版
233	光州	三义观	建于康熙四十年（1701）	《（光绪）光州县志》卷二
234	叶县	山陕庙	一在县城北，一在田镇	《（同治）叶县志》
235	南阳	山陕会馆	建于乾隆年间	《南阳文史资料》（第2辑）

续表

序号	地点	会馆名称	创建及沿革	资料来源
236	社旗	山陕会馆	建于乾隆四十七年（1782），光绪年间重修	河南省古代建筑保护研究所、社旗县文化局编著：《社旗山陕会馆》，文物出版社1999年版
237	源潭	陕西会馆	建于乾隆年间，由秦商建	《中州古今》1993年第2期
238	潢川	三义观	建设时间不详	
239	许昌	山陕会馆	建于乾隆年间	曹锦清：《黄河边的中国——一个学者对乡村社会的观察与思考》，上海文艺出版社2000年版
240	邓州区汲滩镇	陕西会馆	建于乾隆年间	
241	颍州	山陕会馆	建于嘉庆年间	周世中：《山陕会馆及其他》，见《颍州古今》（第3辑）
242	平顶山	山陕会馆	建于清初，山陕商人共建	
243	汝州半扎山	山陕会馆	建于康熙二十六年（1687）	
244	唐河郭滩镇	陕西会馆	秦商建	中国会馆志编纂委员会编：《中国会馆志》，方志出版社2002年版
245	唐河张村镇	陕西会馆	有大殿及左、右厢房	

序号	地点	会馆名称	创建及沿革	资料来源
246	唐河穰东镇	陕西会馆	有后殿、左右殿、东西厢房、戏楼，计104间	
247	柏平县平乐镇	山陕会馆	建于乾隆十八年（1753），有大殿、卷棚、戏楼，面积千余平方米	
248	镇平县	山陕会馆	建于雍正七年（1729），建筑面积1500平方米	
249	新县	山陕会馆	康熙年间由6家山陕商人集资倡办，面积2520平方米	
250	渑池县	山陕会馆	在城关镇东	中国会馆志编纂委员会编：《中国会馆志》，方志出版社2002年版
251	商城县	山陕会馆（陕西会馆）	山陕商人集资修建	
252	商丘县	山陕会馆（陆陈会馆）	乾隆四十四年（1779）山陕商人建	
253	驻马店庙湾镇	山陕会馆		《驻马店日报》2013年12月27日
254	洛宁河	陕西会馆陕西庙		
255	宜阳县白杨镇	山陕会馆		《洛阳日报》2011年6月3日
256	平顶山湟阳镇	山陕会馆		
257	宝丰县大营村	山陕会馆		《平顶山日报》2013年8月12日
258	鲁山县琴台镇	山陕会馆		《平顶山市志》
259	漯河	山陕会馆		

续表

序号	地点	会馆名称	创建及沿革	资料来源
260	方城县	山陕会馆		
261	淅川县韦集	山陕会馆		
262	淅川县厚坡镇	陕西会馆		
263	南阳市石桥镇	山陕会馆		
264	方城县拐河镇	山陕会馆		
265	西峡县口镇	山陕会馆		
266	叶县廉村镇	山陕会馆		
267	叶县旧县镇	山陕会馆		
268	叶县龙泉镇	山陕会馆		
269	商城县余集镇	山陕会馆		
270	光山县新集寨	山陕会馆		
271	新蔡县	山陕会馆		
272	正阳县	山陕会馆		《正阳县志》
山东（16）				
273	济南	山陕会馆	由山陕两省绅商建立	王云：《明清时期山东的山陕商人》，载《东岳论丛》2003年第2期

序号	地点	会馆名称	创建及沿革	资料来源
274	聊城	山陕会馆	建于乾隆八年（1743），耗银 49643 两，有房 160 间	《聊城山陕会馆志》
275	泾川	山陕会馆		《（光绪）恩县乡土志》卷二
276	济宁	三省会馆	由山西、陕西、河南三省人所建，以晋省为主	王云：《明清时期山东的山陕商人》，载《东岳论丛》2003 年第 2 期
277	张秋镇	山陕会馆	康熙年间建，今有大殿牌楼等	王云：《明清山东运河区域社会变迁》，人民出版社 2006 年版
278	周村	山陕会馆	康熙三十四年（1695）建，雍正、乾隆、道光三次翻修	许檀：《清代山东周村镇的商业》，载《史学月刊》2007 年第 8 期
279	宁阳东庄镇	山陕会馆		
280	淄博	西北会馆		
281	济宁	山陕会馆关帝庙	关帝庙街	《济宁日报》2004 年 6 月 20 日
282	新泰市东庄镇	山陕会馆		
283	东平县	山陕会馆关帝庙	关帝庙街	《东平季刊》2013 年第 4 期
284	德州	山陕会馆		
285	临清	山陕会馆		
286	张秋镇	山陕会馆		《聊城晚报》2008 年 9 月 20 日

序号	地点	会馆名称	创建及沿革	资料来源
287	邹平县	山陕会馆		
288	菏泽单县	山陕会馆		
湖南（10）				
289	长沙	关帝庙	乾隆三十九年（1774）秦商建	刘文峰：《山陕商人与梆子戏》，文化艺术出版社 1996 年版
290	安化	陕晋茶商会馆	西帮纪律之整肃，资本之雄厚，与夫组织之严密，其势亦不可漠视	《工商半月刊》1953 年第 7 卷第 11 号
291	罗江	三圣宫		《罗江县志》卷二
292	衡阳	山陕会馆		《衡阳县志》卷四
293	邵阳	山陕会馆	关帝庙为山陕会馆，在府大街	《（嘉庆）邵阳县志》卷二
294	醴陵	山陕会馆	西部皆有会馆以著其原籍	《醴陵县志》
295	长沙	山陕会馆		《三湘都市报》2013 年 9 月 18 日
296	衡阳	陕西会馆	陕西巷	《衡阳县志》卷四
297	安化县	山陕会馆关帝庙		《安化茶叶调查》民国二十三年（1934）2 月号
298	洪江县	山陕会馆		
江西（8）				
299	河口	陕西会馆	镇南有陕西等各省会馆 16 处	东亚同文会编纂：《中国省别全志·江西卷》，东亚同文会印行 1918 年版
300	铅山	陕西会馆	山西、陕西……各处会馆 18 处	《（万历）铅书》卷一一

序号	地点	会馆名称	创建及沿革	资料来源
301	铅山县河口镇	山陕会馆	山秦商人主要从事药材生意，兼做茶叶生意，在清代建立会馆，逢年过节会馆唱几天几夜大戏，一方面是增添节日气氛，更为重要的是宣扬自己，树形象，打牌子，显实力	《铅山县志》
302	南昌	山陕会馆	在三眼井	东亚同文会编纂：《中国省别全志·江西卷》，东亚同文会印行1918年版
303	南昌	陕西会馆	陕西街	
304	修水县吴城镇	山陕会馆		《江南都市报》2009年8月17日
305	清水县樟树镇	陕西会馆		
306	洪江县	陕西会馆		王日根主编：《中国老会馆的故事》，山东画报出版社2014年版
安徽（6）				
307	芜湖	山陕会馆	初为秦晋会馆，原在范罗山右护国庵，后划归山东会馆，光绪三十一年（1905）在严家山建筑山陕会馆	《（民国）芜湖县志》卷一三
308	亳州	山陕会馆（花戏楼）	建于顺治十三年（1656），山陕商贾集资修建	侯香亭、梅开运：《花戏楼》，见《亳州文史资料》（第5辑），1992年
309	合肥	山陕会馆		《梅缘梦记》

续表

序号	地点	会馆名称	创建及沿革	资料来源
310	阜阳	山陕会馆		《阜阳日报》2010年6月26日
311	幅泉县长官镇	山陕会馆		《阜阳日报》2010年6月26日
312	霍山县	山陕会馆		
江苏（5）				
313	南京	陕西会馆	金陵五方杂处，会馆之设甲于他省……陕西馆在明瓦廊	甘熙：《白下琐言》，南京出版社2007年版
314	镇江	山西会馆	山西商人建	根岸佶：《中国行会的研究》，斯文书院1932年版
315	苏州	全秦会馆（雍凉会馆）	在毛家桥西，俗称陕西会馆。乾隆六年（1741）西安商人邓廷试、刘扬倡修，乾隆三十二年（1767）袁伦、桑婉征、王正池、李政和重修	顾禄：《桐桥倚棹录》，上海古籍出版社1980年版
316	扬州	山陕会馆	在南门，后遭毁迁至东关街。山陕商人合资修建，又建有陕西会馆	王瑜、朱正海主编：《盐商与扬州》，江苏古籍出版社2001年版
317	盛泽镇	山陕会馆	建于康熙四十九年（1710）	
浙江（1）				
318	杭州	秦晋会馆	在西湖东南角，为陇西官杭梁某所倡建，房屋20余间	《兰州文史资料》（第3辑）
贵州（5）				
319	贵州仁怀县茅台镇	陕西会馆	庙内回廊曲径，楼台亭阁	《遵义府志》

续表

序号	地点	会馆名称	创建及沿革	资料来源
320	贵州 洪州镇	山陕会馆	建于清代，又叫山陕会馆，到清末分馆，建立山西会馆和陕西会馆。会馆置有大量的房地产	
321	贵阳	陕西会馆	陕西路	《贵阳日报》
322	毕节	陕西会馆 陕西庙		《毕节日报》2014年7月16日
323	大定县 瓢儿井镇	陕西会馆 春秋祠		《大定县志》卷六
			云南（13）	
324	昆明	八省会馆	包括山西、陕西会馆	东亚同文会编纂：《中国省别全志·云南志》，东亚同文会印行1918年版
325	昭通	陕西会馆	四域均有当铺及毛货店，均系陕人，定会馆以聚乡人	《昭通之志》卷一一
326	会泽	陕西庙 （三圣宫）	与川主庙相通	张庆国：《乌蒙会馆的发现》，云南民族出版社2000年版
327	会泽 那姑镇	陕西会馆		
328	宣良县	陕西会馆	陕西街	
329	马龙县	陕西会馆	陕西街	
330	陆良县	陕西会馆		
331	个旧县	陕西会馆 陕西庙		《蒙自县志》
332	鹤庆县	陕西会馆 陕西庙		《昭通地区戏曲志》大事记
333	德钦县 升平镇	陕西会馆 陕西古庙		《西安日报》2010年7月19日

序号	地点	会馆名称	创建及沿革	资料来源
334	保山县蒲缥镇	陕西会馆	陕西街	
335	中甸县建塘镇	陕西会馆	陕西回子街	
336	中甸县独克宗镇	陕西会馆		
			新疆（9）	
337	乌鲁木齐	关帝祠	市贾所施以供神也	纪昀：《阅微草堂笔记》，巴蜀书社1995年版
338	巴里坤	山陕会馆		《镇西府社志》
339	乌鲁木齐	乾州会馆	建于老东门	谢晓钟：《新疆游记》，上海中华书局1923年版
340	乌鲁木齐	晋陕会馆	光绪十年（1884）建，在原大西门外关帝庙内	昝玉林：《会馆漫记》，载《乌鲁木齐文史资料》（第8辑），1984年
341	玛纳斯	陕西会馆（会宾馆）	建于光绪十九年（1893），在玛纳斯首屈一指，供文王周公	《玛纳斯文史资料》（第3辑），1988年
342	奇台	陕西会馆	建于清末，砖石结构，有门楼、戏台、大殿、钟鼓楼	《奇台县文史资料》（第22辑），1990年
343	乌鲁木齐	陕西会馆	陕西街	
344	哈密	陕西会馆陕西寺		王文邑：《哈密史话》，新疆大学出版社2001年版
345	昌吉县	陕西会馆		

序号	地点	会馆名称	创建及沿革	资料来源
青海（4）				
346	西宁	山陕会馆	光绪十四年（1888）建，光绪十六年（1890）重修，有山门、钟楼、戏楼、香厅、大殿、三义楼，于右任题写馆名	刘文峰：《山陕商人与梆子戏》，文化艺术出版社1996年版
347	川口县（民和县）	山陕会馆	建于清代，供关公、财神、马王爷，有大殿3间、过厅3间、戏楼3间	《青海文史资料》（第16辑），1987年
348	贵德	山陕会馆	清光绪年间建	《贵德县志》
349	湟源县	陕西会馆		
宁夏（4）				
350	银川	陕西会馆（关帝庙）	嘉庆二十四年（1819）建	刘文峰：《山陕商人与梆子戏》，文化艺术出版社1996年版
351	固原	秦晋会馆	在米粮市西前营卫备处西侧	《（宣统）固原州志》卷二
352	泾源县	陕西会馆		《泾源回民史》
353	海源县	陕西会馆	西安镇	
西藏（1）				
354	昌都市	陕西会馆 陕西回馆		《中国民族报》2011年3月29日
广西（1）				
355	南宁	秦晋会馆	陕山商人共建	《梧州府志》卷四
广东（2）				
356	广州	山陕会馆	光绪三十年（1904）在老城归德门，内有群英国术馆	《广东文史资料》（第47辑），1986年
357	佛山	山陕会馆	建于嘉庆年间，联合191家商号，道光年间增至280家，有福地、义地各一所	《明清佛山碑刻文献经济资料》，广东人民出版社1987年版

序号	地点	会馆名称	创建及沿革	资料来源
福建（1）				
358	福州	山陕会馆	山陕商人建	戴一峰：《区域性经济发展与社会变迁》，岳麓书社2004年版
台湾（2）				
359	彰化县秀水乡	乌面将军庙	陕西村	
360	台南县麻豆镇	陕西同乡会		

附录2 强化明清山陕商人的跨区域开放性研究

一、 明清时期秦晋两省商帮以 "山陕商人" 的面目活动在历史舞台上

明清时期，活跃在中国商界的十大商帮中，唯有秦晋两省商帮是以"山陕商人"的联省商帮面目出现在历史舞台上的。在明代，他们被称为"秦晋大贾"；在清代，则被称为"山陕商人"。两省商人的携手联合、共同发展有复杂的社会、经济和文化原因。

其一，地理相邻、互相联姻、习俗相同是山陕两省商人携手联合、共同发展的社会原因。从历史上讲，秦晋两省毗邻，山西自河曲保兴至蒲津1500里，与秦中接壤，作为陕西商帮核心的同州府与作为山西商帮核心的蒲州府更是隔河相望。春秋战国以来，两省沿黄两岸人民就互通婚姻，结秦晋之好，形成姻戚关系。清代陕西渭北三大富户之一的板桥常家，至今对他们姓"常"还是姓"尚"仍有争议。陕西人吐字较重，按陕西发音念"常"；山西人发音较轻，按山西人语气应读"尚"。这就反映了山陕人民复杂的历史关系。加之明初，山西向各地移民，陕西与山西隔河相望，成为山西移民路近少累的

首选之区。明初实行"三晋之民愿徙关中者听"①的政策，大量山西人移居陕西，主要集中在陕西粮食主产区渭北一带。陕西"盖省财东"的渭南孝义镇赵家和严家就是从山西孝义县移居陕西的；陕西富平首富李月峰家就是从山西洪洞县移民来陕的。而山西许多富户，又是从陕西移居过去的。创办中国第一家票号——平遥日升昌的东家李家，就是从陕西汉中流寓山西的。李家祖籍陕西汉中一带，相传元末时，李家先祖任官山西，从而迁居平遥达蒲村落户。山西介休富户侯家的祖先也是陕西人，于南宋孝宗隆兴元年由陕西迁入介休北贾村。这种互相联姻、相互移居的活动，使两省人民形成共同的文化习俗和心理认同。《同州府志·风俗志》载："秦俗大俭，而地邻于晋，不能不渐染啬风，所以富不逾移。"②在共同的地域文化构架之下，两省沿黄地区的人民同耕黄土地，同住土窑洞，同端大海碗，同唱信天游，同看秦腔戏，同拜关公。而关公又是两省人民精神纽带的象征。关公是山西蒲州人，陕西是关公改姓之地，这本身就将两省人民在历史和文化上联系在一起。因此，明政府在山陕两省实行"食盐开中"政策时，两省人民自然因甥舅、姑表关系而互相联引，共同走上经商的道路。对此，傅衣凌有极为精当的分析："秦地毗邻晋省，他们为地理上的方便，也易于受其影响，而走上商界的道路。在市场陕商与晋商被并称为秦晋大贾或西商。"③

其二，从经济上讲，明清以来形成的晋陕沿黄贸易圈为两省商人的紧密联合提供了经济基础。晋陕两省地域相连，两地人民利用黄河水运进行贸易，逐渐形成固定的贸易网。晋西和陕北是沿黄贸易圈的典型地带，山西的偏关、

---

① 〔明〕于慎行：《谷山笔尘》卷一二二。

② 《（乾隆）同州府志》卷二一《风俗》。

③ 傅衣凌：《明清时代商人及商业资本　明代江南市民经济初探》，中华书局 2007 年版，第 174 页。

河曲、保德、兴县、临县、离石、中阳、石楼、永和等县，陕北的府谷、神木、佳县、米脂、吴堡、清涧、延川等县，同处于本省经济中心辐射网的最边缘，两地的自然条件、生产方式具有同一性和互补性。因此，沿黄河两岸的各县自明清以来保持着频繁的贸易往来，形成稳定的贸易经济圈。明中后期，晋陕的商品交换得益于两大因素的推动而获得较快的发展。第一，边塞军市的开辟。晋西北、陕北在明代属边塞要地，延绥边镇驻军 5 万余人，每年需要粮料 522400 石，棉花 73242 斤，这些东西本地是无法供应的，主要依赖陕西的延安府、西安府、凤翔府运送。除从这些地区长途运输以外，政府每岁拨给该镇京运年例银 4 万两，开中盐价 93158 两，在当地购买粮食，补足所缺的 14 万余石军饷。边防驻军是粮食、棉布、食盐的纯粹消费集团，庞大的军需市场拉动了陕北商品贸易的发展。由于陕北日用商品历来多由山西转输而来，商品交流就在晋陕这一贸易圈中进行。明中后期，随着屯田制的破坏和军饷制的实行，延绥边镇军队及其家属的衣食所需更加依赖陕北市场的供应，巨额的粮食、棉布商品需求是稳固沿黄贸易圈的一大因素。第二，明后期蒙汉互市的开放。陕北与晋西北地连内蒙古，是蒙汉贸易的首选通道，蒙汉贸易的恢复再次拓展了晋陕黄河沿岸各县商品贸易的规模与范围。蒙汉互市中，汉商以烟、茶、糖、棉、布、绸缎等日用百货换取蒙民的牛、羊、马、骡、驴、绒毛、皮张等物品。由于陕北各县与对岸山西只有一河之隔，根据商品交易成本最低化原则，榆林与山西河曲、保德诸州县建立了稳定的贸易联系。

其三，从外部条件讲，与徽商的竞争是迫使两省商人联合的直接原因。明初，称雄于中国商界的是秦商与晋商，他们是中国最早兴起的地域性商帮。明中叶弘治年间，宰相叶淇代表安徽人的利益，实行"盐法改制"，"输银于运司"，商人可以花钱买引，而不必输粟于边关，这便为徽商进行食盐贩运提供了便利，使徽商依赖经济和文化上的优势在淮扬盐场迅速崛起，压倒了山陕商人。万历《歙志》卷一《货殖》载："《传》之所谓大贾者……皆燕齐秦晋之人。而今之所谓大贾者，莫有甚于吾邑。虽秦晋间有来贾淮扬者，亦苦朋比而无多。""苦朋比而无多"正反映了当时山陕商人的实际境况。因为山陕商人走上经商道路前，多是农民，资本积累不足，以中小商人为主，加之各自为政、力量分散，自然难以抵挡徽商的优势竞争。为了克服"苦朋比而无多"的现实困难，山陕两省商人联起手来，合帮与徽商抗争。

其四，从文化上讲，陕西商人开放、宽松的心态是山陕商人联合的思想基础。陕西长安为十三朝古都，作为首善之民，陕西人有博大开放的胸怀，他们以雍容大度的心态与山西商人携手共进，而不斤斤计较于细小琐事，这是陕西商人之所以能与晋商同舟共济的思想基础。加之两省商帮活动的主要区域都是西部，都以沟通中西部贸易联系为己任，故而都被称为"西商"。正如张正明所指出的那样："陕西商人与晋商所处地理环境相类似，同样兴起于开中法实施之初。山陕商人经常在各地联合建会馆，故有时人们把山陕商人统称为'西商'。"①

这些因素使两帮商人从明初就结合在一起，携手互补，在明清时期500年的商业史上演绎出联合发展的管鲍佳话。

山陕商人的联合发展首先表现在两省商人彼此相资、互相贸易上。明清时期，大量山西商人入陕贸易，使陕北各县的贸易在清代中期以前基本上掌握在晋商手中。安塞"城镇有贸易，尽山西及本省韩城人为之"②；清涧县

---

① 张正明：《晋商兴衰史——称雄商界500年》，山西古籍出版社1995年版，第309页。
② 《（民国）安塞县志》卷六《风俗志》。

"清初率多晋商"①；宜川"城内市廛以及各乡镇集场均系隔河晋民暨邻邑韩城澄城等处商贾盘踞渔猎，坐致奇赢"②。而后，山西商人将势力扩展到关中各地，山西新绛县"西北乡人多在陕甘两省，其数约千人上下"③。山西临晋县"民国纪元前，临民经商陕省者常万余人，凡子弟成年，除家无余丁及质地鲁钝者外，余皆远赴陕省习商。陕省金融事业归临人掌握者居其泰半"④。有不少晋商是在陕西发的财。山西荣河县人寻金财"父早逝，家徒壁立，母改嫁后，居姐家，日拾薪一石，才给饭吃。后入陕习商，生计渐裕，治薄田数十亩"⑤。同时，许多陕西商人入晋贸易，获得发展机会。安塞不少人"蓄猪羊，间有贩牵赴山西省者"⑥。澄城"每年农隙，贫家壮者作工于窑场，陕晋各地之窑业，大半皆韩城人"⑦。吴堡"本县一些富户远在榆林、山西碛口、三交、椰林、太谷、汾阳等地开设商号"⑧。对此，山西《保德县志》卷一《集志》曰：保德"货物鳞集，乡民交易称便，陕西府谷县沿河六堡，皆取货于州。清初以降，府谷颇有客贩，越江交易，彼此相资"。

山陕商人联合发展还表现在两省商民合资经商。如陕北安塞等县，县民穷薄，经商"多借资晋地，春借秋还"⑨。山陕商人的许多字号都是两省商人共同投资、共担风险、共享利润的。他们或是东（家）晋西（掌柜）陕，或是东（家）陕西（掌柜）晋，联合经营。如清乾隆年间，陕西省人李步安、

---

① 《续修陕西通志稿》卷一九六，民国二十三年（1934）铅印本。
② 《（乾隆）宜川县志》卷一。
③ 《新绛县志》卷三，民国十八年（1929）铅印本。
④ 《（民国）临晋县志》卷四《生业略》。
⑤ 《（光绪）荣河县志》卷八。
⑥ 《（民国）安塞县志》卷首，民国十年（1921）铅印本。
⑦ 《（民国）澄城县志》卷二，民国二十三年（1934）铅印本。
⑧ 《（民国）吴堡县志》卷一二《风俗》，民国二十六年（1937）铅印本。
⑨ 《（民国）安塞县志》卷首，民国十年（1921）铅印本。

付德共出银 6500 两，山西代州人董瑀出银 4000 两，肃州三义店之陕商徐之建出银 2000 两，凉州开瓷器店之陕商师四出资 1500 两，共合银 14000 两，赴阿克苏做玉石生意，将玉石运往苏州售卖。再如，山西平遥票号谦吉升就是达蒲村李大全和陕西人高某合股经营。这种合伙经营不仅是资本参与，而且有人事参与。许多陕西商人是山西人所开店铺的掌柜，不少山西商人又是陕西人所开店铺的经理，这才使得两省商人利益趋同，生死与共。

山陕商人联合发展更表现为两省商人联合兴办会馆，以合力治内、一致对外。在笔者查阅的有文字记载和实物为据的山陕商人兴办的 360 所会馆中，单独称"山西会馆"或"陕西会馆"的并不多见，不超过 1/3，绝大多数都称为"山陕会馆"，这是两省商人联合发展的组织保证和有力佐证。当然，这种联合发展并不是一成不变的，而是因两帮势力的变化呈现出分分合合的复杂局面。从总的发展态势来看，有明一代，陕西商人起身早，势力盛，其实力在晋商之上，故当时官私著作均称其为"秦晋大贾"。《扬州府志·序》载，明中叶，各帮在扬州的实力排序是"新都（徽商）最，关以西（陕西）山右（山西）次之"。当时江南流传"秦晋大贾"的说法也反映了这一事实。日本治中国经济史的学者藤井宏认为："在明一代，作为盐商的陕西商人，其势力曾凌驾于山西商人之上，其老家是三原县、泾阳县、绥德县等地。在明代的商界里，山西商人与陕西商人为对抗徽商及其他商人的必要，常利用邻省之好，互相合作。"①

进入清代，虽然陕商仍是与晋商分庭抗礼的重要商帮，但因同朝廷的特殊关系及票号的雄厚实力，晋商跳跃式发展，当时天下流传的"山陕商人"

---

① ［日］藤井宏：《新安商人的研究》，傅衣凌、黄焕宗译，见《江淮论坛》编辑部编：《徽商研究论文集》，安徽人民出版社 1985 年版，第 169 页。

的说法真切地反映了这一变化。清代两帮的经营主体路线亦发生了变化。明末清初，陕西商人弃淮入川，在四川获得发展，四川的会馆多以陕西会馆为主，如成都陕西会馆、叙永陕西会馆、会理陕西会馆、自贡西秦会馆，大多是单省会馆。而晋商主力则向冀北、张家口和东北发展，所以这些地区很难见到陕西商人的身影，所建会馆基本上都是山西会馆。从贸易路线上看，入清后，陕西商人主力仍经营经兰州向新疆的北官路贸易，所以《新疆志稿·商务志》载："自嘉峪关趋哈密为一路，秦陇商人多出焉"。而此时山西商人则选择了从张家口入内蒙古沿草原南端入新疆的东北路发展，故《新疆志稿·商务志》又载："东北自归绥趋蒙古为一路，燕晋商人多出焉。"

在西北地区，山陕商人的实力也是交错变化，呈现出两帮商人既一致对外又内部竞争的局面。以兰州陕商会馆的变化进行分析。明至清初，由于陕商主要经营西北边关的"食盐开中"和兰州的"茶马交易"，在兰州有经济实力，故于康熙四十七年在山字石设立骊陕会馆，调节陕商在陇上的活动。入嘉道后，晋商实力大增，陕商从山陕会馆中分离出来，在贡院陆军巷设立陕西会馆。同治年间，陕商又联合晋商设立山陕会馆。这种分合聚散真实记录了晋陕两帮商人在甘肃市场上力量的迭兴盛衰。

山陕商帮在陇上会馆建设中的分合关系，在不同区域也有不同情况。在甘肃中级市场上，由于两帮实力旗鼓相当，故以两帮独立分设会馆为常见现象。如在酒泉，"商人晋人为多，秦人次之"，因而他们在清中叶分别设立本省会馆。在张掖，清初晋商力量盛，于雍正三年设立山西会馆。在天水，两帮分立会馆。但在县、镇一级初级市场上，两帮则表现出强烈的竞争态势，如武威"商人以陕籍为多"，故独有陕商设立陕西会馆的记载。这种竞争态势在景泰县表现得更为典型。最初晋商势盛陕商势弱，故于雍正三年设立的会馆名为山陕会馆；入道咸后，陕商由弱转强，压倒晋商，便于咸丰五年改会馆名为陕山会馆了。这清晰表现了"从会馆而知春秋"的商业规律。

就是在同一地区，山陕商人的实力也有变化。如在陕西清涧县，"清初率多晋商，同光以来，人烟稠密，民智渐开，始为入伙学习，继则自行开办。至清末，各商行多系本地开设，利权始不外溢"①。

山陕商人的这些分分合合是商业竞争规律的正常表现，并不妨碍两帮商人在全国市场上的一致对外。所以，从明清两代看，两帮商人在绝大多数场合还是以"山陕商人"的共同面目出现，维系着联省商帮的基本面貌。

二、 明清山陕商人跨区域开放性研究的意义

第一，明清山陕商人跨区域研究，有利于恢复历史真实面目，探索两帮商人的共同活动规律。明清之际，山陕两帮商人携手经商，他们的经营内容、经营方式、经营组织、经营制度有着惊人的一致性。他们都是利用明初"开中制"的特殊政策而兴起的内陆商帮，都是以经营盐、茶、布、药、烟为主要产业的、垄断中西部贸易通商的商人集团，因而都被称为"西商"。他们以中小商人为主，资本原始积累不充分，故而都采取了合伙制的企业组织形式，这使两帮商人通过资本参与和人事参与，联合得更为紧密。他们为了共同抵御徽商而联合兴建山陕会馆，以保护两帮商人在异地的共同利益。这种联合经商体现了明清山陕商人的管鲍之风和开放胸怀，比今天的分省割裂研究要广阔得多、大气得多。研究对象尚且可以做到联合经营、携手经商，作为研

---

① 《续修陕西通志稿》卷一六六，民国二十三年（1934）铅印本。

究者，更应该摒弃疆域之分、优劣之念，开展山陕商人的跨区域开放性研究。唯如此，才能呈现明清时期山陕商人活动的真实面目，为后人留下一份真实的历史记录。

在明清时期的中国商帮史中，最生动最有趣的经济现象之一，就是山陕商帮的分分合合、起落聚散。他们演出了中国商业史上最有声有色的历史活剧，为中国商业史增添了浓墨重彩的一笔。可以这样说，明清中国商业史上最生动的商业友谊是在山陕商人的联合中展开的，没有他们500年来的聚散离合，明清商业史会显得平淡而无奇。明清山陕商人基本上是携手在淮扬盐场、江南布市与徽商竞争，应当说他们的联合经商克服了"苦朋比而无多"的不足，有效地扼制了徽商的发展。当山陕商人携银动辄上千万两赴江南贩布时，徽商才携银五六百两到江南购布，这使山陕商人有效地占领着江南棉布市场的份额。而在淮扬盐场，山陕商人的坚强团结使徽商弟子入府学的愿望300年都没能实现。在明清商业史上，山陕商人与其他商帮携手的情况不少，如在开封联合甘商，开封的山陕甘会馆就是明证；在湖南联合豫商，如长沙的三省会馆；在重庆联合江右、鲁南、粤商、浙商等，如重庆的八省会馆。唯独没有与徽商联合的记录，这是十分有趣的现象。入清后，山陕商人有分有合。当陕西商人弃淮入川向四川发展时，山西商人实际上也在弃扬入绥，向绥远缘内蒙古草原南端往新疆和恰克图发展。但他们之间联合的情况仍然很多。如他们共同弃江浙而入楚豫，共同培养湖豫的棉布市场，使江南布市因"山陕大贾罕至"而趋于衰落。他们共同携手开发了兰州的水烟业，使陕西泾阳和山西曲沃成为清末民初两大水烟生产基地。因此，今天的研究者必须开展跨区域开放性研究，才能探索出山陕商人的共同发展规律，揭示他们不同凡响的共同致富历程和成功经营经验。

第二，开展山陕商人的跨区域开放性研究，有利于寻求两帮研究新的增长极，将两帮研究推向深入。目前，对陕晋商人的分省研究，有合理的一面，即便于各自分头研究陕晋商人的基本面貌和相应特点。但这种分割式研究发展到一定阶段，就很难将两帮的研究推向深入。譬如，对于当前各地现存的大量山陕会馆的研究，如果不做跨区域研究，很难窥探其全貌，就会出现以偏概全的失误。对此，山西刘文峰为我们做了很好的表率。他的《山陕商人与梆子戏》就立意甚高，全面分析了明清山陕商人与梆子戏的关系，特别是客观分析了山西梆子戏与秦腔之间的源流关系，表现了老一代文化学者的襟怀。只有开展两省的跨区域开放性研究，我们才能把各自的研究推向深入，寻求山陕商人研究新的增长极。譬如，对山陕会馆的联合研究，对山陕商人以合伙制为主要内容的股份公司体制的联合研究，对山陕商人以诚信为主要特点的经营思想的联合研究，对山陕商人与信天游、山陕山曲的沿黄文化的联合研究，对山陕商人的戏台文化研究，对山陕商人的社会保障研究，等等，研究有十分广阔的合作领域，并且可以在新的增长极上取得更好的研究成绩。

同时，全国对商帮研究的学术发展态势也迫使研究者必须携手开展跨区域开放性研究，共同推进对山陕商人的研究事业。进入 21 世纪，随着新一轮商帮的崛起，对历史上商帮的研究高潮迭起，特别是对浙商、宁波商、湖商的研究，因其雄厚经济实力的支撑而有突飞猛进式的进展。2006 年在杭州召开的首届中国商帮高峰研讨会，既没有邀请晋商的研究代表出席，也没有召集陕商的研究代表参会。这说明，晋商与陕商研究有被边缘化的态势。这也迫使山陕两省研究工作者必须联手，以扩大山陕商人在全国的影响，再造山陕商人研究的辉煌。

第三，对历史的选择就是对现实的选择。对山陕商人进行跨区域开放性研究，有利于推动山陕两省在现实经济发展中的合作、互补，走第二次联合发展的道路。山陕两省隔河相望，从明清之际便形成了沿黄贸易圈，这一区域优势拉动了以山西蒲州和陕西同州为主要市场的两地经济发展。通过开展山陕商人跨地域开放性研究，可以从历史发展的角度论证沿黄贸易圈的合理性，并通过该贸易圈，形成山陕两省的联合开发，取长补短，大力推进沿黄地区经济与社会的发展。

同时，山陕两省在经济与文化方面有很强的互补性。山西与陕西的资源条件大致相同，经济上有很强的同一性与互补性。更重要的是，两省产业的联合开发，可以扩大两省的资金来源和市场范围，使彼此在联合开发中实现更好更快的发展。